Aus Freude am Lesen

btb

Buch

Es beginnt mit der Geschichte eines Sommers und einer unerhörten Liebe: Ellen und ihre Schwester Lizzie, elf und acht Jahre alt, fahren wie jedes Jahr mit ihren Eltern in das Ferienhaus in Maine. Und wieder ist auch die gleichaltrige Gisela DeCuervos mit ihrem Vater zu Gast – Giselas Mutter verbringt den Sommer in Argentinien. Alles scheint wie immer, und doch spürt Ellen, daß etwas Besonderes vorgeht zwischen den drei Erwachsenen. Etwas, das nur wenig zu tun hat mit den überkommenen Vorstellungen von ehelicher Treue und Zweisamkeit. Erst viele Jahre später begreift Ellen, wie mutig und wie groß die Liebe dieses Sommers in Maine gewesen ist, und schöpft daraus Kraft für eine Entscheidung, die ihr eigenes Leben grundlegend verändern wird...

Nur selten verbinden sich inhaltliche Tiefe und erzählerische Leichtigkeit so mühelos wie in den Geschichten Amy Blooms, die als Psychotherapeutin in die verborgensten Winkel der Seele vordringt und verblüffende Perspektiven zu öffnen versteht.

Autorin

Amy Bloom, geboren 1953, lebt in Durham, Connecticut. Ein Teil ihrer Geschichten erschien bereits in verschiedenen amerikanischen Zeitschriften sowie in den *Best American Short Stories* von 1991 und 1992. Mit »Liebe ist ein seltsames Kind« gelang ihr ein spektakuläres literarisches Debüt. Die amerikanische Kritik nannte sie einhellig eine der interessantesten Entdeckungen der letzten Jahre.

Amy Bloom

Liebe ist ein seltsames Kind

Erzählungen

Aus dem Amerikanischen
von Adelheid Dormagen

btb

Die Originalausgabe erschien 1993 unter dem Titel *Come to Me* bei HarperCollins, New York, »Liebe ist ein seltsames Kind« *(Love Is Not a Pie)* bereits 1990 in *Room of One's Own,* 1991 in *Image* und den *Best American Short Stories,* »Schlafwandeln« *(Sleepwalking)* im Herbst 1991 in *River City,* »Dein Anblick« *(The Sight of You)* im Sommer 1992 in *Story,* »Silbriges Wasser« *(Silver Water)* im Herbst 1991 in *Story* und 1992 in den *Best American Short Stories,* »Semper fidelis« *(Semper Fidelis)* im April 1993 in *Antaeus* und »Wenn das Jahr zu Ende geht« *(When the Year Grows Old)* im Winter 1992 in *Story.*

Umwelthinweis:
Alle bedruckten Materialien dieses Taschenbuches sind chlorfrei und umweltschonend.

btb Taschenbücher erscheinen im Goldmann Verlag, einem Unternehmen der Verlagsgruppe Bertelsmann.

1. Auflage
Genehmigte Taschenbuchausgabe Juli 1997

Umschlaggestaltung: Design Team München
Umschlagfoto: Mauritius/ACE
Satz: IBV Satz- und Datentechnik GmbH, Berlin
FB · Herstellung: Augustin Wiesbeck
Made in Germany
ISBN 3-442-72177-6

FÜR DONALD
am meisten, besten und immer

Inhalt

Liebe ist ein seltsames Kind

Mitten in der Lobrede auf meine Mutter, bei dem öden und herzzerreißenden Begräbnis, kam es mir in den Kopf, die Hochzeit abzusagen. Der 21. August schien mir nicht der richtige Termin, John Wescott nicht der Richtige zum Heiraten, und ich konnte mir nicht vorstellen, in dem langen weißen Seidenkleid zu stecken, das Mrs. Wescott mir angeboten hatte. Wir hatten uns Weihnachten verlobt, als meine Mutter schon mit dem Sterben begann. Sie starb im Mai, früher, als wir geglaubt hatten. Als der Geistliche sagte: »Sie war ein ungewöhnlicher Mensch, voll von jener Unerschrockenheit und Freude, die andere inspiriert«, blickte ich zur blaßblauen Decke auf und dachte, meine Mutter hätte nicht gewollt, daß ich mein Leben mit diesem Mann verbringe. Er hatte mich gefragt, ob ich ihn aus Boston zum Begräbnis dabeihaben wollte, und ich hatte nein gesagt. Und so kam er auch nicht, respektierte meine Selbständigkeit und so weiter. Ich finde, er hätte wissen sollen, daß ich bloß rücksichtsvoll war.

Nach der Einäscherung nahmen wir die kleine Urne mit nach Hause und bewirteten alle, die erschienen, um ihre Anteilnahme auszudrücken. Viele von Vaters Kollegen aus der juristischen Fakultät, einige seiner früheren Studenten, mein Onkel Steve und seine neue Frau, meine Kusinen (die bei meiner Schwester Lizzie und mir immer als Ding eins und Ding zwei liefen), Freunde aus der alten Nachbarschaft, bevor sich die Bildhauerei meiner Mutter zu verkaufen begann, ihre Freundinnen aus der Kunstszene, ihre Schwestern, einige meiner Schulfreunde, ein paar Leute, bei denen ich Babysitter gespielt hatte, meine beste College-Freundin, Freunde von Lizzie und viele, die ich nicht erkannte. Ich lebte nicht mehr zu Hause, seit ich am College war, jetzt an der juristischen Fakultät.

Meine Schwester, mein Vater und ich sorgten uns um die Gäste. Jeder, der hereinkam, wurde von meinem Vater umarmt. Dabei spielte es keine Rolle, ob sie ihm den Rücken tätschelten oder die Hand schüttelten, er zog sie zu sich heran und drückte sie so eng an sich, daß ich sah, wie die Füße der Umarmten regelrecht vom Boden abhoben. Lizzie und ich gingen es eher passiv an, indem wir die Leute tun ließen, was immer sie mit uns im Sinn hatten, tätscheln, streicheln, umarmen, unsere Gesichter in ihre Hände nehmen.

Mein Vater war gerade dabei, Mrs. Ellis zu herzen, unsere Putzfrau, als er Mr. DeCuervo hereinkommen sah, den Koffer noch in der Hand. Er ließ Mrs. Ellis förmlich fallen und ging mit wehenden Fahnen zu Mr. DeCuervo über, umschlang ihn mit den Armen, und die beiden seufzten und wiegten sich miteinander in einem leidenschaftlichen Walzer ohne Musik. Meine Schwester und ich setzten uns auf die Couch, aneinandergedrückt, und schauten zu, wie unser Vater seinen Freund mit Schluchzern eindeckte, den Liebhaber unserer Mutter.

Als ich elf war und Lizzie acht, ihr letzter nackter Sommer, verbrachten Mr. DeCuervo und seine Tochter Gisela, die bald auch acht werden würde, den Sommer mit uns in einem Blockhaus in Maine. Das Haus gehörte der Spencer-Seite der Familie, Vaters Seite, und er und mein Onkel Steve waren gleichberechtigte Besitzer. Wir fuhren jeden Juli hin (kälteres Wasser, besseres Wetter), und sie kamen im August. Mein Vater hegte für seinen Bruder ähnliche Empfindungen wie wir für unsere Kusinen, und so trafen wir nur am letzten Tag unseres Aufenthalts zum Mittagessen zusammen.

In jenem Juli kamen die DeCuervos, aber ohne Mrs. De-

Cuervo, die in Argentinien, ihrem Heimatland, irgendeinen Kranken besuchte. Das war uns nur recht. Mrs. DeCuervo war eine hundertprozentige Mutter, eine von der Sorte, bei der meiner Schwester und mir ganz unbehaglich wurde. Sie mahnte uns, die Beeren vorm Essen zu waschen, nach dem Mittagessen auszuruhen, uns besser einzucremen und unsere Betten zu machen. Eine nette Dame, bloß daß sie uns immer im Weg war. Meine Mutter hatte einige wenige Grundregeln für den Sommer: Eßt nichts mit Schimmel oder Insekten drauf, geht nie allein schwimmen und denkt nicht mal im Traum daran, eure Mutter vor acht Uhr in der Früh zu wecken, es sei denn, ihr seid tödlich verwundet oder krank. Das war's in etwa. Mrs. DeCuervo aber machte die Liste ständig länger und länger, wobei sie halb schuldbewußt zu unserer Mutter schielte, die wie immer liebenswürdig und freundlich war und die Dinge auf ihre Weise erledigte. Sie ließ uns klipp und klar wissen, wenn wir uns von einer wie Mrs. DeCuervo kujonieren ließen, taten wir das auf eigene Verantwortung. Die Scheidung kam, als Gisela im zweiten Jahr am Mount Holyoke studierte.

Wir mochten Gisela, so hübsch und fügsam, schikanierten sie ein bißchen und mochten sie noch mehr, weil sie uns nicht verpetzte, vor allem mich nicht. Wir mochten auch ihren Vater. Wir trafen uns mit den beiden, manchmal auch mit allen dreien, gelegentlich zu Picknicks und kürzeren Ferien. Er machte uns immer Komplimente, riß nie dumme Witze auf unsere Kosten und brachte uns ausgefallene, himmlische kleine Geschenke mit. Silberne Spangen für mich in dem Sommer, als ich meinen Kleinmädchenschnitt zu langem Haar wachsen ließ, ein Lesezeichen aus Leder für Lizzie, die mit drei zu lesen begann. Meine Mutter pflegte hinter uns zu stehen, wenn wir die Geschenke auspackten, und lächelte kopfschüttelnd über seine Verschwendung.

Als sie vorfuhren, saßen wir alle auf der Veranda. Mr. DeCuervo stieg zuerst aus, sein gelocktes braunes Haar ließ ihn wie einen Riesenlöwenzahn aussehen mit seinem gelben T-Shirt und seinen braunen Jeans. Gisela sah genauso aus wie er, ihr langes lockiges braunes Haar trug sie in einem Knoten, um ihr gebräuntes kleines Gesicht ringelten sich einzelne Strähnen. Als die beiden auf uns zugingen, nahm sie seine Hand, und mich überkam ein Gefühl der Wärme für sie, weil sie zeigte, wie sehr sie ihren Papa liebte, so wie ich meinen, und auch, daß sie sich ein bißchen vor uns fürchtete, wahrscheinlich vor mir. Vor Lizzie hatten die Leute nicht oft Angst; sie ließ ihre Bücher nie lang genug allein, um einen zu plagen.

Meine Eltern kamen von der Veranda herunter; mein großer Vater in seinen ausgebleichten blauen Shorts, die locker unter seinem Bauch herunterhingen, sein sommersprossiger Rücken, rosafarben und feucht in der Sonne, wie in jedem Sommer. Die Sonne verfing sich im roten Haar auf seinem Kopf, seinen Schultern und seiner Brust, und er leuchtete. Die Spencers seien halbe Wikinger, sagte er. Meine Mutter trug ihre Sommergewandung: einen zweiteiligen schwarzen Badeanzug. Ich erinnere mich nicht, daß sie jemals etwas anderes anhatte. Abends fügte sie eins von Vaters Hemden hinzu und hüllte sich darin ein wie in einen Kimono. In manchen Jahren sah sie wunderbar in ihrem Aufzug aus, die Taille schlank, glatte gebräunte Haut, in anderen Jahren wirkte ihre Haut verbrannt und faltig, und der Badeanzug war an einigen Stellen zu weit, an anderen zu eng. Das waren die Jahre, in denen sie zuviel rauchte und dann nach draußen auf die Veranda ging, um zu husten. Aber in jenem Sommer saß der Badeanzug tadellos, und wenn sie von der Veranda in die Arme meines Vaters sprang, wirbelte er sie herum, und ihr schwarzes Haar fegte über sein Gesicht, während er lächelte und lächelte.

Beide umarmten Mr. DeCuervo und Gisela, meine Mutter nahm ihr geblümtes Köfferchen und mein Vater seine Umhängetasche, und sie führten sie ins Haus.

Das Blockhaus war unser Palast; Lizzie und ich sagten immer vornehm: »Wir fahren für den Sommer ins Blockhaus, besuch uns doch einmal dort, wenn deine Eltern nichts dagegen haben.« Wir liebten das Blockhaus und auch, so zu tun, als wäre es nichts Besonderes, wo wir doch ganz genau wußten, daß es himmlisch war. Die Kiefern und Birken reichten bis an den See heran, bloß eine feine Borte aus moosigen Felsen, bevor man an das glatte kühle Wasser kam, und kleine graue Fische schwammen um den splitternden Anlegesteg herum und durch unsere Beine oder aus der Reichweite unserer Ruder, wenn wir mit dem alten blauen Boot losfuhren.

Das Haus bestand aus drei Schlafzimmern, einer winzigen Küche und einem Wohnzimmer, das die Hälfte des Hauses einnahm. Die beiden kleinen Schlafzimmer hatten große Betten mit pastellfarbenen Chenilledecken; gelb mit roten Rosen im Zimmer meiner Eltern, weiß mit blauen Stiefmütterchen im anderen. Das für die Kinder war viel größer, wie ein Schlafsaal, mit drei Etagenbetten, jedes mit seinen eigenen nicht zusammenpassenden Laken und Kissenbezügen. Die Kopfkissen waren immer etwas klamm und rochen nach Salz und Kiefern, und meines roch auch noch nach »Ma Griffe«, weil ich den Schal meiner Mutter beim Schlafen darunter versteckte. Die Dusche war draußen, umgeben von einem dünnen grünen Plastikvorhang, aber drinnen, neben dem Zimmer meiner Eltern, gab es ein richtiges Bad.

Mr. DeCuervo und Gisela fügten sich in unsere Tage ein, als kämen sie seit Jahren schon hierher und nicht erst seit dem letzten Sommer. Wir verbrachten die Art von Sommertagen, die einem für alle Zeit als Inbegriff von Muße und Lebensfreude bleiben. Wir standen früh auf, hörten, wie die Vögel pfiffen und trillerten, und machten uns das Frühstück, Cornflakes oder Toast, wenn die Eltern auf waren, Kuchen, kalte Spaghetti oder Marshmallows, wenn sie noch schliefen. Meine Mutter stand gewöhnlich als erste auf. Sie kochte sich eine Tasse Kaffee, bürstete uns das Haar, flocht es zu Zöpfchen und ließ uns springen. Wenn wir die Umgebung erforschen wollten, packte sie drei Sandwiches und drei Stücke Obst in eine Tasche, dazu eine Militärwolldecke. Ansonsten winkte sie uns, die wir in Richtung See loszogen.

Wir kamen zur Mittagszeit zurück und aßen, was gerade da war, gingen dann zum See oder in den Wald oder die Straße entlang, um zu sehen, ob die Stadtkinder Lust hatten, mit uns zu spielen. Ich weiß nicht, was die Erwachsenen den Tag über trieben; manchmal kamen sie raus, um eine Weile zu schwimmen, und manchmal fanden wir meine Mutter im Schuppen, den sie als Atelier benutzte. Aber wenn wir um fünf oder sechs zurückkehrten, saßen sie alle auf der Veranda, tranken ihren Gin Tonic, wirkten glücklich und entspannt und sahen uns beim Heranlaufen zu. Es war die schönste Zeit.

Abends, nach dem Essen, spülten die Väter das Geschirr, und meine Mutter setzte sich auf die Veranda, rauchte eine Zigarette, hörte Aretha Franklin, Billie Holiday oder Sam Cooke, und wenig später drückte sie die Zigarette aus, und wir vier tanzten. Wir twisteten und tanzten Lindy und Jitterbug und Stomp, wobei wir alle meine Mutter nachahmten. Und schon bald trieb es die Daddies mit ihren Geschirrtüchern und ihren Biergläsern heraus, und sie lehnten sich an den Eingang und schauten zu. Meine Mutter wandte sich zuerst an meinen Vater, an ihn immer zuerst.

»Was ist, Danny? Lust auf ein Tänzchen?« Und sie legte die Hand auf seine Schulter, und er lächelte, warf sein Geschirrtuch Mr. DeCuervo zu und stellte sein Bier auf den Boden. Mein Vater bewegte sich schwerfällig, mit den Füßen schlurfend und lächelnd. Manchmal fuchtelte er mit den Armen herum und tat so, als wäre er ein Fisch oder ein Bär, während meine Mutter ihren Körper leicht und träumerisch hin und her schwang und durch die Musik glitt. Sie tanzten immer Lindy zu Fats Domino. Das war der Lieblingssänger meines Vaters, und dann setzte er sich hin, ein wenig keuchend.

Meine Mutter blieb stehen, schnalzte mit den Fingern, wobei sie sich vor- und zurückschob.

»Gaucho, tanz du mit ihr, bevor ich einen Kollaps kriege«, sagte mein Vater.

Mr. DeCuervos richtiger Name war Bolivar, was ich nicht wußte, bis es Lizzie mir nach dem Begräbnis erzählte. Wir nannten ihn immer Mr. DeCuervo, weil es uns peinlich war, ihn mit einem Spitznamen anzureden.

Und so hob Mr. DeCuervo würdevoll die Achseln und warf die beiden Geschirrtücher meinem Vater zu. Dann tänzelte er im Bebop-Rhythmus auf meine Mutter zu, das Gesicht noch meinem Vater zugewandt.

»Wir laufen morgen eine Runde, Dan, das bringt dich wieder in Form, dann kannst du die Nacht durchtanzen.«

»Was meinst du mit ›wieder‹? Ich hab seit zwanzig Jahren dieselbe schlanke Figur. Was gibt's da zu sanieren, wo nichts ruiniert ist?«

Und sie lachten alle, und Mr. DeCuervo und meine Mutter rollten mit den Augen, und meine Mutter ging zu meinem Vater hinüber und küßte ihn auf die Schläfen, wo ihm die Schweißperlen standen. Dann nahm sie Mr. DeCuervos Hand, und sie traten in die Mitte des Wohnzimmers.

Wenn sie und mein Vater tanzten, kicherten meine Schwester und ich und mischten uns ein wie bei einem Federballspiel, in dem sie die Hauptakteure waren, wir aber willkommene Mitspieler. Wenn sie mit Mr. DeCuervo tanzte, setzten wir uns auf die Verandaschaukel oder standen ans Fensterbrett gelehnt da und schauten bloß zu, ohne einander einen Blick zu gönnen.

Sie tanzten nur die schnellen Tänze, und das, als hätten sie ihr Leben lang auf jedes Stück gewartet. Die Bewegungen meiner Mutter wurden inniger und flüssiger, und Mr. DeCuervo erwachte plötzlich zum Leben, als hätte ein Scheinwerfer ihn erfaßt. Mein Vater tanzte so, wie er war, warm, lärmend, aufdringlich und etwas überwältigend; Mr. DeCuervo aber, der gewöhnlich ruhig, nachdenklich und ernst war, wurde ein anderer, wenn er mit meiner Mutter tanzte. Sein Tanzen war leicht und glücklich und gefühlvoll, er trieb meine Mutter an, drehte sie, fügte sich jedem ihrer Schritte. Sie lächelten uns alle an, der Reihe nach, und dann blickten sie einander an, zu hingerissen, um zu lächeln.

»Tanz doch noch mal mit Daddy«, sagte meine Schwester und sprach für uns drei. Sie hatten uns zu weit hinter sich gelassen.

Meine Mutter warf Lizzie eine Kußhand zu. »Okay, Liebling.«

Sie wandte sich an die beiden Männer und sagte lachend: »Diese Botschaft war nun wirklich nicht zu überhören. Machen wir eine kleine Pause, Gauch, und verfrachten diese Rabauken ins Bett. Schon spät, Mädchen.«

Und die drei Großen geleiteten uns drei Kleine durch die Zu-Bett-geh-Rituale, brachten uns in die Küche für die Milch und wieder raus, ins Badezimmer für Zähne, Toilette und Kaminlotion und schließlich in unser großes Schlafzimmer. Wir schliefen in Unterwäsche und T-Shirts, was Gisela beeindruckte.

»Keine Pyjamas?« wollte sie in der ersten Nacht wissen.

»Nicht nötig«, sagte ich blasiert.

Wir lagen da, nachdem sie uns geküßt hatten, und lauschten dem Gespräch unserer Eltern, dem Knacken von Erdnüssen und dem Kartenklatschen; sie spielten Rommé und Poker, während Dinah Washington und Odetta zu hören waren.

Eines Nachts wachte ich ungefähr um Mitternacht auf und tappte durchs Wohnzimmer, um mir Wasser aus der Küche zu holen und herauszufinden, ob noch ein Rest Erdbeerkuchen übrig war. Ich sah meine Mutter und Mr. DeCuervo in inniger Umarmung, und ich erinnere mich, überrascht und verwirrt gewesen zu sein. Ich hatte Filme gesehen; wenn man jemanden umarmte, als wollte man ihn nie wieder loslassen, dann bedeutete das doch, daß man ihn auch küßte. Das da war keine Mami-Papi-Umarmung, zum Teil, weil deren Umarmungen dadurch gekennzeichnet waren, daß mein Vater über zwanzig Zentimeter größer und hundert Pfund schwerer als meine Mutter war. Bei diesen beiden da schien mir etwas verkehrt; Umarmungen waren ein großer rötlich-orangefarbener Mann, der eine kleine, magere schwarzweiße Frau umhüllt hielt, die zu ihm hochschaute. Meine Mutter und Mr. DeCuervo sahen wie Schwester und Bruder aus, die Wange an Wange standen, mit ihren breiten Schultern und langen, gebräunten nackten Beinen. Die Hände meiner Mutter waren unter dem weißen T-Shirt von Mr. DeCuervo.

Sie muß meinen Blick auf sich gefühlt haben, denn sie öffnete langsam die Augen.

»Liebling, du hast uns aber erschreckt. Mr. DeCuervo und ich waren gerade beim Gutenachtsagen. Möchtest du, daß ich dich zudecke, nachdem du im Bad warst?« Keine richtige Bestechung, bestimmt aber ein zarter Wink, daß ich ihr wichtiger war als er.

Sie hatten sich so schnell und leicht voneinander getrennt, daß ich mich nicht einmal erinnern konnte, wie sie zusammen ausgesehen hatten. Ich nickte meiner Mutter zu; was ich gesehen hatte, veränderte sich bereits zu der Standard-Gutenachtumarmung, wie meine Mutter sie all ihren guten Freunden zukommen ließ.

Als ich aus dem Badezimmer zurückkam, war Mr. DeCuervo schon verschwunden, und meine Mutter stand wartend da und blickte hinaus zum Mond. Sie begleitete mich ins Schlafzimmer und küßte mich, zuerst auf die Stirn, dann auf die Lippen.

»Schlaf gut, mein kleiner Kürbis. Bis morgen früh.«

»Wirst du morgen Blaubeerpfannkuchen machen?« Es schien die richtige Zeit, danach zu fragen.

»Werden wir sehen. Schlaf jetzt.«

»Bitte, Mami.«

»Also gut, wir veranstalten einen Blaubeermorgen. Schlaf jetzt. Gute Nacht, und träume süß.«

Sie beobachtete mich noch einen Augenblick vom Türeingang, dann war sie weg.

Mein Vater stand um fünf auf, um mit ein paar Männern auf der anderen Seite des Sees zu angeln. Jeden Samstag im Juli zog er los, mit einem großen roten Schnupftuch über seine kahle Stelle gebunden, seinem Mets-T-Shirt und dem Behälter mit dem Angelgerät, und blieb bis etwa drei Uhr. Mr. DeCuervo sagte, er wolle die Fische ja ausnehmen, braten und essen, aber nicht einen Tag mit irgendwelchen Kerlen mit Baseballkappen und weißen Socken verbringen, um sie zu fangen.

Ich wachte auf, den Geruch von Kaffee und heißer Butter in der Nase. Gisela und Lizzie waren schon aus den Betten, und ich war gekränkt; ich hatte doch um die Pfannkuchen gebeten, und jetzt waren sie wahrscheinlich längst alle aufgefuttert.

Mr. DeCuervo und Lizzie saßen am Tisch und aßen gerade den Rest ihrer Pfannkuchen. Meine Mutter und Gisela saßen auf der blauen Couch im Wohnzimmer, und meine Mutter bürstete Giselas Haar. Sie bürstete es viel sanfter als bei mir und gab ihr auch keinen Klaps auf die Schulter, um sie zum Stillsitzen zu bringen. Gisela zuckte nicht und schrie nicht, wenn meine Mutter ein Nest in ihrem Haar erwischte.

Ich wollte schon bockig werden, als mir meine Mutter über Giselas Kopf hinweg zuzwinkerte und sagte: »Da ist ein Berg Pfannkuchen für dich oben auf dem Herd, Häschen. Gauch, holst du sie bitte für Ellen? Der Teller ist wahrscheinlich heiß.«

Mr. DeCuervo reichte mir meine Pfannkuchen, riesige braune Scheiben, worauf zahlreiche zerdrückte purpurrote Beeten prangten; er legte Gabel und Messer auf eine zusammengefaltete Papierserviette und tätschelte meine Wange. Seine Hand roch nach Zimt und Kaffee. Er wußte, was ich gern hatte, und schob Butter, Honig und Sirup zu mir hin.

»Saft?« fragte er.

Ich nickte und versuchte ihn zu beobachten, als er nicht zu mir herschaute; er schien nicht der Mann zu sein, den ich im Mondlicht zu sehen geglaubt hatte, wie er meine Mutter so sonderbar umarmte.

»Prima Pfannkuchen, Lila«, sagte er.

»Prima, Ma.« Ich wollte mich nicht übertreffen lassen durch seine gewohnt guten Manieren. Gisela vergaß nie ihr »bitte« und »danke« für jede Kleinigkeit.

Meine Mutter lächelte und steckte Gisela eine Spange ins Haar. Es begann warm zu werden, und so verschlang ich meine Pfannkuchen und stieß Lizzie an, um ihre Aufmerksamkeit zu bekommen.

»Gehn wir«, sagte ich.

»Wasch dir vorher dein Gesicht«, sagte meine Mutter.

Ich hielt mein Gesicht unter den Wasserhahn in der Küche, und meine Mutter und Mr. DeCuervo lachten. Triumphierend führte ich die beiden kleinen Mädchen aus dem Haus und schnappte unsere Handtücher von der Leine, als wir zum Wasser hinunterliefen, plötzlich von Sehnsucht nach dem See übermannt.

»Wer zuletzt springt, ist ein Stinker«, rief ich und machte vom Ende des Landestegs einen Hocksprung. Ich platschte ins kühle blaue Wasser und zerstörte seine Oberfläche. Lizzie und Gisela sprangen neben mir hinein, und wir tobten uns aus, bis mein Vater im Lieferwagen mit einem Eimer Fische vorfuhr. Er winkte uns zu und sagte, die nächsten beiden Tage würden wir Fisch essen, und wir stöhnten und hielten uns die Nase, als er ins Haus ging, lachend.

Es gab eine Reihe ähnlich sonniger Tage: schwimmen, mit Pa vom Landesteg aus angeln, Erdnußbutter und Marmelade-Sandwiches im Ruderboot essen, Orange Crush auf der Verandaschaukel trinken.

Und dann eine Woche lang Regen. Als wir am Morgen aufwachten, hörten wir den Regen aufs Dach trommeln und tanzen. Meine Mutter steckte den Kopf in unser Schlafzimmer.

»Monsunwetter, meine Süßen. Wie wär's mit Kakao und Zimttoast?«

Wir zogen uns Overalls und Pullover an und gingen in die Küche, wo meine Mutter bereits unsere Becher und Teller hingestellt hatte. Sie war bei ihrem Regentagritual: Sangria machen. Zuerst goß sie Orangensaft aus einer großen weißen Plastikkanne in drei leere Erdnußbuttergläser. Dann schnibbelte sie nach und nach alle Orangen, Zitronen und Limonen klein, die wir im Haus hatten. Sie hieß mich Brandy über die Früchte schütten, Gisela tat Zucker hinein, und Lizzie holte lange genug Luft, um die große Rotweinflasche über allem auszugießen. Ich konnte mir nicht vorstellen, daß sie an Regentagen irgend etwas anderes tranken.

Meine Mutter verschwand für ihre morgendliche Zigarette auf die Veranda, und als mein Vater nach unten kam, gesellte er sich zu ihr, während wir Quartett spielten; ich konnte sehen, wie die beiden sich auf dem Korbsofa zusammenkuschelten. Ein paar Minuten später kam Mr. DeCuervo herunter, schaute auf die Veranda hinaus, nahm sich eine alte Illustrierte und fing an zu lesen.

Wir entschieden uns, auf unserem Zimmer Monopoly zu spielen, da die Großen sich nicht mit uns unterhalten wollten. Nach zwei Stunden, in denen ich im Gefängnis verrottete und Lizzie vergaß, Miete zu verlangen, besiegte uns Klein Gisela, und wir gingen für einen Snack wieder hinunter in die Küche. Regentage bestanden hauptsächlich aus einer Reihe von mehr oder weniger ausgiebigen Snacks, unterbrochen von Brettspielen, Kartenspielen und Quengeln. Wir tranken den ganzen Tag Soda und Saft, aßen Käse, Bananen, Plätzchen, Mortadella, Vollkorn-Crackers, Jiffy-Popcorn und hartgekochte Eier. Die Erwachsenen aßen Käse und Crackers und tranken Sangria.

Die beiden Daddies lasen in den zwei großen Sesseln, meine Mutter war auf ihr Zimmer gegangen, um Skizzen zu machen, und uns wurde es langweilig. Als meine Mutter auf eine Zigarette nach unten kam, schrieb ich gerade meinen Namen in den Honig, der auf dem Küchentisch ausgelaufen war, und Gisela und Lizzie waren dabei, das Füllhaar aus dem Loch unten in der blauen Couch herauszuziehen.

»Mein Gott, Ellen, nimmst du wohl die Hände aus dem verfluchten Honig. Liz, Gisela, das ist absolut unmöglich, was ihr da macht, das wißt ihr. Laßt die arme Couch in Ruhe. Wenn ihr euch unbedingt tummeln müßt, dann verschwindet doch nach draußen und tanzt im Regen.«

Die beiden Männer schauten auf, mühsam fokussierend, wie aus weiter Ferne.

»Lila, wirklich ...«, sagte mein Vater.

»Lila, es schüttet. Wir werden uns schon um sie kümmern«, sagte Mr. DeCuervo.

»Hm – wie bis jetzt auch.« Meine Mutter grinste.

»Au ja, Mami, dürfen wir in den Regen? Dürfen wir uns ausziehen und raus in den Regen?«

»Natürlich, geht nackt, wozu sollt ihr euch die Kleider naß machen, und Badeanzüge sind auch sinnlos. Nicht sehr wahrscheinlich, daß gerade 'ne Menschenmasse im Garten versammelt ist.«

Wir rasten auf die Veranda, bevor meine Mutter Vernunft annehmen konnte, warfen alles von uns und rannten laut schreiend in den Regen hinaus, indem wir von der Veranda auf den matschigen Rasen hinuntersprangen, mit Freudengeheul und dem Gefühl, allen Kindern in Maine, die im Haus bleiben mußten, überlegen zu sein.

Wir spielten Göttinnen-im-Regen, was darin bestand, unsere Körper zu streicheln und die Namen von allen, die wir kannten, auszurufen, und wir spielten Mariechen-saß-auf-einem-Stein und Fangen und Rotlicht/Grünlicht und warfen mit dem Ball, alles herrlich glitschig und unwirklich im trüben Regenstrom. Unsere Eltern sahen uns von der Veranda aus zu.

Als wir schließlich wieder reinkamen, ganz hingerissen von

uns selbst und davon, wie naß wir waren, völlig, bis zur letzten Faser, in jeder Pore, zogen sie uns warm an und sagten, wir sollten uns die Haare trocknen und fürs Abendessen fertig machen.

Meine Mutter bürstete uns die Haare, und dann kochte sie Spaghetti-Sauce, während mein Vater Salat zubereitete und Mr. DeCuervo eine Erdbeertorte machte, wobei er die Früchte in der Kuchenmitte zu einer großen rotglänzenden Pyramide aufschichtete. Es war himmlisch. Die Erwachsenen lachten viel, süffelten ihr rosiges Getränk und machten an ihrem Gemüse herum.

Nach dem Abendessen schob meine Mutter uns ins Wohnzimmer zum Tanzen, und da fiel der Strom aus.

»Scheiße«, sagte mein Vater in der Küche.

»Doppelte Scheiße«, sagte Mr. DeCuervo, und wir hörten sie im Dunkeln herumtappen, lachend und fluchend, bis sie mit zwei Taschenlampen hereinkamen.

»Die Kavallerie tritt an, meine Damen«, sagte Daddy und verbeugte sich vor uns allen, wobei er mit seiner Taschenlampe herumwirbelte.

»Amerikanische und argentinische Divisionen, señora y señoritas.«

Ich hatte Mr. DeCuervo nie zuvor spanisch reden gehört, nicht mal das bißchen.

»Wohlan, so weiß ich denn, ich bin gerettet – vor den Halunken zumindest. Andererseits ...« Meine Mutter lachte, und die Väter legten die Arme umeinander und lachten auch.

»Andererseits was? Was, Mami?« Ich zerrte an ihr, wie ich es tat, wenn ich Angst hatte, sie in einem großen Kaufhaus zu verlieren.

»Nichts, Liebling. Mami war bloß albern. Macht euch startklar fürs Bett, ihr Zwerge. Dann könnt ihr euch alle noch eine Weile unterhalten. Wir haben sicher die ganze Nacht keinen Strom.«

Die Daddies begleiteten uns zum Badezimmer und flüsterten, daß wir heute alles lassen könnten, außer Pipi machen, es sei ja kein Strom da. Beide gaben uns einen Gutenachtkuß, kitzelnd der Schnurrbart von meinem Vater, über meine Wange streifend der von Mr. DeCuervo. Meine Mutter kam einen Augenblick später ins Zimmer, und ihr Gesicht war glatt und warm wie ein Samtkissen. Wir blieben nicht lange wach. Der Regentanz, das Essen und das Gewitter hatten uns erschöpft.

Es war noch dunkel, als ich aufwachte, aber der Regen hatte aufgehört, und der Strom war wieder da; es brannte Licht in unserer Diele. Ich fühlte mich richtig erwachsen und verantwortungsvoll, als ich aus dem Bett stieg und im Haus herumwandelte, um die Lichter zu löschen, von denen niemand sonst wußte, daß sie brannten; ich sparte Elektrizität.

Ich ging ins Badezimmer und wurde von Bauchkrämpfen gepackt, wahrscheinlich von all dem zu stark gerösteten Popcorn, das ich gefuttert hatte. Ich saß lange Zeit auf der Toilette und verfolgte, wie eine braune Spinne die Wand entlangkroch; ich schlug sie runter und beobachtete dann, wie sie wieder hochkletterte, zu den Handtüchern. Meine Krämpfe hatten nachgelassen, waren aber noch spürbar, und ich beschloß, meine Mutter zu wecken. Mein Vater würde mitfühlender sein, doch er hatte einen tiefen Schlaf, und bis er endlich mitkriegte, was ich ihm sagen wollte, hätte meine Mutter längst den Bademantel an und würde mir sanft den Bauch massieren, wenn auch ohne die aufgeregte Besorgtheit, die mir als krankem Opfer eigentlich zustand.

Ich ging bis zum Zimmer meiner Eltern und knipste das Dielenlicht wieder an. Ich drückte die knarrende Tür auf und sah meine Mutter an den Rücken meines Vaters geschmiegt, wie immer; und Mr. DeCuervo an sie geschmiegt, den Arm über dem Bezug, die andere Hand auf ihrem Kopf ruhend.

Ich stand da und starrte und trat dann rückwärts aus dem Schlafzimmer. Sie hatten sich nicht bewegt, die drei atmeten tief, in Einklang. Was war das, dachte ich, was habe ich gesehen? Ich wollte zurückgehen und einen zweiten Blick tun, um es noch einmal zu sehen, um es verschwinden zu lassen, um sie gründlich anzuschauen, bis ich verstand.

Meine Krämpfe waren weg. Ich ging zurück in mein Bett und sah zu Lizzie und Gisela hinüber, die in ihrem Schlaf aussahen wie die Kleinmädchenversionen der beiden Männer, die ich gerade gesehen hatte. Haben nur geschlafen, dachte ich, die Erwachsenen haben nur geschlafen. Vielleicht ist das Bett von Mr. DeCuervo zusammengebrochen, wie es uns vor zwei Sommern passiert ist. Oder vielleicht ist es im Regensturm feucht geworden. Ich meinte, nie wieder einschlafen zu können, aber das nächste, an das ich mich erinnere, ist, daß ich zu neuem Regen aufwachte und Lizzie und Gisela meine Mutter anbettelten, mit uns ins Kino in der Stadt zu gehen. Wir sahen uns »The Sound of Music« an, das im Bijou schon über zehn Jahre lief.

Ich erinnere mich an nicht viel anderes von dem Sommer; alle Bilder vermengen sich. Wir gingen weiterhin schwimmen und angeln und fuhren mit dem Ruderboot zu kleinen Abenteuern los, und als die DeCuervos abreisten, umarmte ich Gisela, wollte ihn aber nicht umarmen, bis er mir ins Ohr flüsterte: »Nächstes Jahr visieren wir ein Motorboot an, und ich bring dir Wasserski bei«, worauf ich ihn überschwenglich umarmte, und meine Mutter legte die Hand leicht auf meinen Kopf, um ihren Segen dazu zu geben.

Im darauffolgenden Sommer war ich im Juli im Ferienlager und nicht da, als die DeCuervos kamen. Lizzie sagte, sie hätten eine schöne Zeit ohne mich gehabt. Danach klappte es mehrere Sommer hintereinander mit ihnen nicht, und als sie wieder kamen, waren Gisela und Lizzie mit mir in New Hampshire im Ferienlager; die vier Erwachsenen verbrachten etwa eine Woche zusammen, und später hörte ich meinen Vater sagen, noch so ein Urlaub mit Elvira DeCuervo würde ihn umbringen oder er sie. Meine Mutter sagte darauf, so schlimm sei sie doch auch nicht.

Danach sahen wir sie etwas seltener. Die beiden, Gisela und Mr. DeCuervo, erschienen zu meinem High-School-Abschluß, zur Vernissage meiner Mutter in Boston, zum fünfzigsten Geburtstag meines Vaters und zu Lizzies Schulabschluß. Wenn meine Mutter nach New York reinfuhr, aß sie immer mit den dreien zu Abend, sagte sie, aber manchmal änderten sich ihre Pläne, und sie mußten das Abendessen durch ein Mittagessen ersetzen.

Gisela konnte nicht zum Begräbnis kommen. Sie war für ein Jahr in Argentinien und arbeitete in dem Architekturbüro, das Mr. DeCuervos Vater gegründet hatte.

Nachdem alle Leidtragenden sich verabschiedet hatten, überreichte Mr. DeCuervo uns einen Beileidsbrief von Gisela mit einer schönen Federzeichnung unserer Mutter darin. Die beiden Männer gingen ins Wohnzimmer und holten sich eine Flasche Scotch und zwei Gläser. Es war so, als wären wir nicht vorhanden; sie legten »Embraceable You« von Billie Holiday auf und machten sich ans Trinken und Trauern. Lizzie und ich gingen in die Küche und nahmen uns vor, alles Süße zu essen, was die Leute mitgebracht hatten: Brownies, Pfeffernüsse, Batatenkuchen, den Schokoladenkuchen von Mrs. Ellis mit Schokoladencreme in der Mitte. Wir stellten zwei Teller hin und zwei Becher Milch, und los ging's.

Lizzie sagte: »Weißt du, als ich im April zu Hause war, rief er jeden Tag an.« Sie machte einen Ruck mit dem Kopf zum Wohnzimmer hin.

Ich konnte nicht sagen, ob sie es billigend meinte oder nicht, und ich selbst wußte auch nicht, was davon zu halten war.

»Sie hat Bolivar zu ihm gesagt.«

»Was? Sie hat doch immer Gaucho zu ihm gesagt, und deshalb haben wir ihn nie beim Namen genannt.«

»Weiß ich, aber sie hat Bolivar gesagt. Ich hab sie jeden, aber auch jeden Tag mit ihm reden gehört, El, sie hat Bolivar gesagt.«

Tränen liefen über Lizzies Gesicht, und ich wünschte mir, Mutter wäre da, um ihr über das weiche wuschelige Haar zu streichen, damit sie nicht an ihren Tränen erstickte. Ich griff über den Tisch nach ihrer Hand, in der Rechten noch meine Gabel. Ich konnte spüren, wie meine Mutter mich ansah, lächelnd, die Augen leicht zusammengekniffen, wie sie es immer tat, wenn ich mich gegen etwas sträubte. Ich ließ die Gabel auf meinen Teller sinken, ging um den Tisch und umarmte Lizzie, die sich in mich krümmte und kuschelte, als hätte ihre Wirbelsäule einen Knacks.

»Ich hab sie nach dem dritten Anruf danach gefragt«, sagte sie in meine Schulter hinein.

»Was hat sie gesagt?« Ich richtete Lizzie etwas auf, damit ich sie hören konnte.

»Sie hat gesagt: ›Natürlich ruft er mich mittags an. Er weiß, zu der Zeit fühle ich ganz intensiv.‹ Und ich darauf, das sei nicht, was ich meine, ich hätte nur nicht gewußt, wie nah sie sich sind.«

»Das hast du gesagt?«

»Klar. Und sie: ›Liebling, niemand liebt mich mehr als Bolivar.‹ Und ich wußte nicht, was ich sagen sollte, und so saß ich einfach da mit dem Gefühl: ›Möchte ich das überhaupt hören?‹ Und dann ist sie eingeschlafen.«

»Und was denkst du?«

»Ich weiß es nicht. Ich war gerade soweit, sie wieder zu fragen ...«

»Du bist erstaunlich, Lizzie«, unterbrach ich sie. Das ist sie zweifellos, sie ist so ruhig, aber sie führt Gespräche, die ich mir nicht mal im Traum vorstellen kann.

»Aber das brauchte ich nicht, weil sie das Thema am nächsten Tag selbst aufbrachte, nachdem er wieder angerufen hatte. Sie kam vom Telefonieren und sah richtig erschöpft aus, sie schwitzte, lächelte aber. Sie schaute hinaus auf die Holzapfelbäume im Garten und sagte: ›Die Apfelbäume waren in voller Blüte, als ich Bolivar kennenlernte, und sie standen genau dort, wo im Hof die Skulptur ihren Platz finden sollte, und so bot er an, die Bäume wegzuschaffen, und ich sagte, das kommt mir aber arrogant vor, und er sagte, sie würden sie eben woanders hinpflanzen. Und so sagte ich: Okay, und er sagte: Was ist Schlimmes an Arroganz? Und das erste Mal, als er und Papa sich kennenlernten, tranken die beiden Scotch und sahen sich Fußball an, während ich das Abendessen machte. Und dann haben sie gespült, genau wie im Blockhaus. Und wenn die beiden zusammen im Zimmer sind und ihr beiden Mädchen bei uns seid, dann weiß ich, daß ich im Zustand der Gnade lebe.‹«

»Hat sie das gesagt? Hat sie gesagt ›im Zustand der Gnade‹? Mami hat das gesagt?«

»Ja, Ellen. Mein Gott, was glaubst du denn? Daß ich mir interessante Statements vom Sterbebett ausdenke?« Lizzie haßt es, unterbrochen zu werden, vor allem von mir.

»Tut mir leid. Weiter.«

»Jedenfalls unterhielten wir uns, und ich fragte so obenhin, von was wir eigentlich redeten. Ich meine, von guten oder von sehr guten Freunden, und sie hat nur gelacht. Du weißt doch, wie sie uns immer angesehen hat, als wüßte sie genau, wohin wir wollten, wenn wir sagten, wir gingen den Nachmittag zu einer Freundin, in Wirklichkeit aber vorhatten, ›Boone's Farm‹ zu trinken und nackt im Steinbruch zu baden. So sah sie jedenfalls aus, und sie hat meine Hand genommen. Ihre war federleicht, El. Und sie hat gesagt, daß sie einander liebten, alle drei, jeder auf andere Weise, und daß beide erstaunliche Männer seien, jeder etwas Besonderes, jeder würde Liebe und Anerkennung verdienen. Sie sagte, sie finde, daß Daddy der wunderbarste Ehemann sei, den eine Frau haben könnte, und daß sie sehr glücklich sei, daß wir ihn zum Vater hätten. Und ich hab sie gefragt, wie sie das denn schafft, alle beide zu lieben und wie die Männer das ertragen können. Und sie hat gesagt: ›Liebe ist kein Kinderspiel, Herzchen. Ich liebe dich und Ellen unterschiedlich, weil ihr unterschiedliche Wesen seid, wundervolle Wesen, aber ganz und gar nicht gleich. Und darum bin auch ich mit jeder von euch eine andere, und zusammen sind wir einzig. Ich wähle nicht zwischen euch. Und genauso ist es mit Daddy und Bolivar. Man meint, das kann nicht so sein, aber es geht durchaus. Man muß nur die richtigen Menschen finden.‹ Und dann hielt sie die Augen den Nachmittag über geschlossen. El, deine Augen quellen dir fast aus dem Kopf.«

»Mein Gott, das glaube ich. Ich meine, ich hab's gewußt ...«

»Du hast es gewußt? Und hast es mir nicht gesagt?«

»Du warst acht oder so, Lizzie, was hätte ich da sagen sollen? Ich wußte ja damals nicht mal selbst, was ich wußte.«

»Was hast du denn gewußt?« Lizzie war sehr ernst. Es bedeutete einen wirklichen Bruch unserer Regel, irgendwelchen persönlichen Schmutz, was unsere Eltern anging, vor allem unsere Mutter, nicht miteinander zu teilen; beide versuchten wir ständig, aus ihr schlau zu werden.

Ich wußte nicht, wie ich ihr von den dreien im Bett erzählen sollte; das war noch ungewöhnlicher, als daß Mutter mit Daddys Erlaubnis eine Affäre mit Mr. DeCuervo gehabt hatte. Mir fielen nicht mal die Worte ein, die nötig gewesen wären, um zu beschreiben, was ich gesehen hatte, und so sagte ich bloß: »Ich hab Mami und Mr. DeCuervo sich eines Nachts, wir waren schon schlafen gegangen, küssen sehen.«

»Wirklich? Wo war Papa?«

»Ich weiß nicht. Aber wo immer er auch war, offensichtlich wußte er, was sich abspielte. Ich meine, das wollte Mami dir doch zu verstehen geben, nicht? Daß Papa Bescheid wußte und es billigte.«

»Tja. Mein Gott.«

Ich ging zu meinem Stuhl zurück und setzte mich. Wir hatten den Strudel schon zur Hälfte auf, als die beiden Männer hereinkamen. Sie waren betrunken, sprachen aber noch zusammenhängend. Sie waren nur eben nicht mehr wie sonst, aber vermutlich waren wir das auch nicht mit unseren verquollenen roten Augen, und ringsherum die reine Essensverwüstung.

»Schöne Mädchen«, sagte Mr. DeCuervo zu meinem Vater. Sie hielten sich am Türrahmen fest, an jeder Seite einer.

»Das sind sie, sind sie wirklich. Und helle, gibt keine helleren.«

Mein Vater hörte nicht auf damit, wie helle wir seien, Lizzie und ich schauten uns an, verlegen, aber nicht unzufrieden.

»Ellen hat Lilas Mund«, sagte Mr. DeCuervo. »Du hast den Mund von deiner Mutter, rechts geht er etwas mehr nach oben als links. Exquisit.«

Mein Vater nickte mit dem Kopf, als wäre das die größte Wahrheit, nie zuvor vernommen. Und an Lizzie gewandt, sagte er: »Und du hast die Augen von deiner Mutter. Vom Tag deiner Geburt an, als ich dir in die Augen blickte, hab ich gedacht, mein Gott, sie hat die Augen von Lila, aber blau, nicht grün.«

Und Mr. DeCuervo nickte selbstverständlich dazu. Ich fragte mich, ob sie eine vollständige Autopsie vorhatten, aber sie hörten auf.

Mein Vater kam zum Tisch und legte jeder von uns die Hand auf. »Ihr Mädchen habt eure Mutter sehr, sehr glücklich gemacht. Nichts, was sie je geschaffen hat, hat sie mit mehr Stolz und Freude erfüllt als ihr beiden. Sie war überzeugt, daß ihr zwei was ganz Besonderes seid ...«

Er begann zu weinen, und Mr. DeCuervo legte ihm den Arm um die Taille und übernahm das Reden.

»Stimmt, sie hatte zwei große Bilder von euch in ihrem Studio, sonst nichts. Und ihr wißt, sie erwartete von uns, daß wir um sie trauern, aber ihr wißt auch, wie sehr sie sich gewünscht hat, daß ihr euch auch freut. An allem, an jedem Essen, jedem Getränk, jedem Sonnenaufgang, jedem Kuß ...« Er mußte ebenfalls weinen.

»Wir legen uns jetzt ein wenig hin, Mädchen. Vielleicht

essen wir später zusammen oder so.« Mein Vater küßte uns beide, naß und heftig, und die zwei gingen die Diele hinunter.

Lizzie und ich blickten einander wieder an.

»Besaufen wir uns?« fragte ich.

»Nein, besser nicht. Ich glaube, ich lege mich auch etwas hin, außer, du willst Gesellschaft.« Sie sah aus, als könnte sie im Stehen einschlafen, und so schüttelte ich den Kopf. Ich überlegte mir sowieso, John anzurufen.

Lizzie kam rüber und umarmte mich ganz fest, und ich umarmte sie ebenfalls und strich ihr die Schokoladenkrumen aus dem Haar.

Als ich allein in der Küche saß, dachte ich über John nach, daß ich ihm von meiner Mutter und ihrer Affäre erzählen würde und wie die beiden Männer wie die Säcke im Bett meiner Eltern lagen, wahrscheinlich schnarchend. Und ich konnte Johns Schweigen hören und wußte, er würde denken, daß mein Vater meine Mutter nicht wirklich geliebt haben konnte, wenn er sie mit einem anderen Mann gehen ließ; oder John würde denken, vielleicht sogar sagen, daß meine Mutter ein rechtes Miststück gewesen sein müsse, wenn sie meinen Vater dazu zwang, eine Affäre ›unter seinem eigenen Dach‹ zu dulden. Ich dachte, ich sollte ihn besser anrufen, bevor ich völlig in Rage geriet über ein Gespräch, das gar nicht stattgefunden hatte. Lizzie würde sowieso sagen, ich projizierte nur.

Ich rief an, und John war sehr lieb, erkundigte sich, wie ich mich fühlte, wie der Gottesdienst verlaufen war und wie es meinem Vater ging. Und ich berichtete ihm alles und begriff, daß ich ihm den Rest nicht sagen und auch keinen Mann heiraten konnte, dem ich diese Geschichte nicht erzählen mochte.

»Es tut mir so leid, Ellen«, sagte er. »Du mußt schrecklich durcheinander sein. Was für ein schwerer Tag für dich.«

Mir ist klar, daß das eine völlig normale Reaktion war, nur war sie absolut falsch für mich. Ich stammte nicht aus einer normalen Familie, ich war nicht bereit, normal zu werden.

Es machte mich elend, John zu verletzen, aber ich konnte ihn nicht heiraten, bloß weil ich ihn nicht verletzen wollte, und so sagte ich: »Und das ist nicht das Schlimmste, John. Ich kann dich nicht heiraten, ich kann's wirklich nicht. Ich weiß, es ist ziemlich hart, das übers Telefon zu hören ...« Mir fiel nichts ein, was ich sonst noch hätte sagen sollen.

»Ellen, sprechen wir darüber, wenn du nach Boston zurückkommst. Ich weiß, unter welcher Anspannung du stehen mußt. Ich hatte das Gefühl, daß du unglücklich warst über einige von Mutters Ideen. Wir können das schon hinbiegen, wenn du zurückkommst.«

»Ich weiß, du glaubst, es ist wegen dem Tod meiner Mutter, und es stimmt, aber nicht so, wie du denkst. John, ich kann dich einfach nicht heiraten. Ich werde das Kleid deiner Mutter nicht tragen, und ich werde dich nicht heiraten, und es tut mir sehr leid.«

Er blieb lange Zeit still, und dann sagte er: »Ich verstehe nicht, Ellen. Wir haben doch schon die Einladungskarten bestellt.« Und mir wurde klar, daß ich recht hatte. Wenn er gesagt hätte: »Scheiß drauf, ich komme, will dich noch heute abend sehen«, oder auch: »Ich kapier nicht, was du da redest, aber ich möchte dich dennoch heiraten«, hätte ich mich wahrscheinlich anders besonnen. Aber so, wie es lief, sagte ich halbwegs ruhig auf Wiedersehen und hängte ein.

Es war wie zwei Begräbnisse an einem Tag. Ich saß am Tisch und stocherte im Kuchen herum, kleine Gebilde formend, die ich anschließend zermantschte. Meine Mutter hätte mich auf einen Spaziergang rausgeschickt. Ich war gerade dabei, das ganze Zeug wegzuräumen, als mein Vater und Mr. DeCuervo auftauchten, und ihre Zusammengehörigkeit schien noch größer geworden zu sein.

»Wie wär's mit Romme, El?« fragte mein Vater.

»Wenn dir danach zumute ist«, sagte Mr. DeCuervo.

»Okay«, sagte ich. »Ich hab mich gerade von John Wescott getrennt.«

»Ach?«

Ich hätte nicht sagen können, wer von ihnen da redete.

»Ich hab ihm gesagt, ich glaubte nicht daran, daß wir einander glücklich machen würden.«

Genau das hatte ich sagen wollen.

Mein Vater drückte mich an sich und sagte: »Das tut mir leid, ist bestimmt hart für dich. Du hast das Richtige getan.« Dann wandte er sich an Mr. DeCuervo und sagte: »Sie wußte, wie man solche Leute nennt, was? Deine Mutter hat gewußt, daß du diesen Typ nicht heiraten würdest.«

»Sie hatte fast immer recht, Dan.«

»Fast immer, aber nur fast«, sagte mein Vater, und die beiden lachten über einen privaten Scherz und schüttelten sich die Hand wie ein altes Boxerpaar.

»So, du teilst aus«, sagte mein Vater und lehnte sich auf seinen Stuhl zurück.

»'nen Cent für'n Punkt«, sagte Mr. DeCuervo.

Das Hohelied

Kate stand vor dem Spiegel und probierte Kleider an. Sie paßte fast schon in ihr schwarzes Kostüm, aber das konnte noch nicht das Rechte sein für die Neujahrsfeier, und draußen war es um die fünfundzwanzig Grad. Sie zog ein gelbes ärmelloses Kleid an mit einem weißen Leinenblazer, dazu weiße Sandalen. Zu sommerlich, aber nicht zu ausgefallen. Tragen sie Hüte? In der Kirche tragen Frauen Hüte. Tragen jüdische Frauen Hüte? Kate starrte in den Spiegel, sie schwitzte bereits im Unterrock. Milch begann durch ihre BH-Einlagen zu dringen.

Nicht jetzt, dachte sie. Wenn ich das Baby stille, komme ich zu spät zur Zeremonie – nein, zum Gottesdienst. Bleib ruhig, du mußt das Baby stillen. Dr. Sheldon hätte es gern, wenn du das Baby stillst, du kannst ihm sagen, du wärst fast zu spät gekommen, weil du Sarah noch stillen mußtest, und er wird lächeln. Kate entspannte sich, als sie an sein Lächeln dachte, wie kühler Stoff auf ihrer Wange.

Okay, uns geht's gut. Kate zog ihr gelbes Kleid aus, legte es sich zurecht und tief zu Sarah hinüber, die gerade mit ihren leisen Sauggeräuschen anfing: »Ist okay, Mami kommt schon, alles okay.« Auf dem Weg zum Kinderzimmer griff sie sich ein Handtuch und sah nach ihrem weißen Wagenradstrohhut auf dem obersten Bord des Wandschranks. Gott liebte sie zweifellos. Er wußte, sie mußte rechtzeitig zur Synagoge. Der Hut war da, tadellos und nicht ein bißchen verknickt.

Kate schaute Sarah an und fühlte, wie ihr die Milch unter dem BH den Brustkorb hinunterfloß. »Da sind wir, mein Entchen. Mamis Baby. Dr. Sheldons vollkommenes Mädchen.« Sie hob Sarah hoch und wechselte die Windel, sah sich selbst dabei zu, wie sie geschickt und kompetent hantierte wie in einer Pampers-Werbung. Sarah zappelte nicht, verknotete bloß ihre Zehen in Kates langem blondem Haar. Sie ließ sich mit Sarah in den Schaukelstuhl rutschen und stillte sie, zuckte einen Augenblick zusammen, als dieser rücksichtslose süße Mund sich ihrer Brustwarze bemächtigte. Sie sah Sarah zu, und sie sah auf die Uhr.

»Okay, Goldstück, zehn an der einen, zehn an der anderen, dann aber raus hier. Auf in die Synagoge. Gehn heute aus, Miss Sarah.« Während Sarah eine kurze Pause zwischen den Brüsten einlegte, griff Kate sich ein sauberes blaues Kleidchen aus dem Wäschekorb und streifte es ihr über.

Wir sind fast schon da, dachte Kate. Los, plan im voraus. Plan es, dann vermasselst du nichts. Okay, sie hat genug getrunken, ich lasse sie ein Bäuerchen auf dem Handtuch machen. Ich lege sie in ihr Bettchen, während ich mich anziehe, die Schuhe sind nicht in meinem Schrank, die sind noch im Schrank in der Diele. Okay, wir gehen die Diele runter – nein, der Beutel mit dem Wickelzeug. Der ist in Sarahs Zimmer und schon gepackt, mit einem zweiten Kleidchen. Braves Mädchen, Kate. Okay, wir haben ein sattes Baby, einen Beutel mit Wickelzeug, eine angezogene Mutter. Der Hut, der Hut ist noch im Schrank, du setzt ihn nicht auf, bevor du da bist und sehen kannst, was die anderen tragen.

Make-up. Das Make-up kommt in die Handtasche, die weiße Handtasche, die auf der Bank in der Diele liegt, fertig zum Abdampfen. Alles, was du brauchst, ist etwas Lip gloss und was zum Vertuschen deiner Waschbäraugen. Du siehst gut aus. Er hält nichts von Make-up. Erinnere dich, im Krankenhaus, als er auf deinem Bett saß, hat er gesagt, er hält nichts von Make-up und du brauchst sowieso keins.

Kate schloß die Augen, um sich besser daran zu erinnern, was er gesagt hatte und wie, sie wollte das Gewicht seines Körpers am Fußende des Bettes spüren, ihre nackten Füße, die fast schon seine Hüfte berührten.

Die ganzen zweiundsiebzig Stunden im Krankenhaus war Kates Körper nie trocken gewesen. Feucht und wach erwartete sie jeden Sonnenaufgang, ihr nasses Nachthemd immer bis zur Taille hochgerutscht. Blut, Milch und Schweiß durchströmten und überströmten sie. Die Nachtschwester hatte ihr gesagt, sie solle aufstehen und herumgehen, aber sie hatte furchtbare Angst, ihr würden, wenn sie aufstand, die Organe einfach herausfallen und die durchschnittenen Muskeln mit dem Gewebe wie modriges Zeitungspapier zerkrümeln.

»Ich verspreche Ihnen, wenn Sie jetzt brav herumlaufen, werden Sie, wenn die anderen Damen alle noch zu Hause sitzen und ihr Percoset nehmen, Miss Sarah bereits im Kinderwagen um den Häuserblock kutschieren. Ich entferne Ihnen jetzt auch den Katheder.«

Sie sah die glatten dicken Hände der Krankenschwester, die den schweren Saum ihres Nachthemdes wegschoben, und sie schloß die Augen, als sie den leichten Ruck beim Rausziehen spürte.

»Gut, dampfen wir ab.«

Dampfen wir ab, dachte Kate, stand auf und wünschte sich, ihre Stimme würde so schwungvoll wie die der Schwester klingen. Auf geht's. Dampfen wir ab. Sie konnte die ihr zujubelnde Menge im Geiste hören, als sie den Flur entlangging, wobei der Infusionsständer neben ihr mitrutschte und die Hand der Schwester sie sanft an ihrem guten Arm zog. Sie fühlte die flimmernde Wärme seiner Anwesenheit, bevor sie ihn wirklich sah, er stand, ihr den Rücken zugekehrt, im Gespräch mit den Schwestern an der Kaffeestation. Sie hatten sich hinter zwei genau gleichen Kaffeekannen, Bechern mit ihren Namen drauf und offenen Doughnut-Dosen verschanzt.

Kate schüttelte ihre Schwester ab und spazierte mit großer Anstrengung zur Kaffeestation.

»Wundervoll. Sie gehen schon, ist das nicht wundervoll?« Dr. Sheldon wandte sich an die Schwestern, die höflich lächelten; sie machten sich nichts daraus, ob sie gehen konnte oder nicht, und Kate machte sich nichts aus ihnen. Wenn sie jetzt nichts sagte, war er gleich weg, und sie war auch zu müde, um herumzustehen und auf den richtigen Augenblick zu warten.

»Könnte ich Sie sprechen?« Der Schweiß lief ihr von den Unterarmen direkt auf die Füße hinunter und durchnäßte die Papierpantoffeln, die man ihr gegeben hatte.

»Natürlich. Ich erspare Ihrer Schwester einen Gang, selbst wenn die Qualität Ihrer Betreuung dabei ein wenig leiden sollte.«

Die Schwestern lächelten; er war ein sentimentaler alter Kerl, aber nett. Er wohnte praktisch auf der Entbindungsstation. Seine Patientin, eben Mutter geworden, sah aus, als fiele sie gleich um, und Kates Schwester griff sich schnell eine Tasse Kaffee, bevor der unausweichliche nächste Ruf ertönte.

Er legte die Hand um ihren Bizeps, und Kate konnte fühlen, wie ihr das Blut aus dem Arm in die Wangen schoß.

»Die Schwestern mögen Sie«, sagte sie und schaute auf die Nummern der Zimmer, an denen sie vorbeikamen, damit er ihr nicht ins Gesicht sehen konnte.

»Ja? Ich mag sie auch. Harte Arbeit, wir sind schrecklich unterbesetzt. Zuerst gab es nicht genug Schwestern, weil die Bezahlung so schlecht war. Jetzt gibt es nicht genug Schwestern, weil eine vollbesetzte Schicht die Krankenhäuser zuviel kostet.«

Kate lächelte. Auch wenn ihr der Rücken weh tat und sie sich jeden ihrer zwanzig Stiche genau vorstellen konnte, die eine schmale heiße Fackelspur auf ihrem Bauch entzündeten, strahlte sie. Er hielt sie etwas fester am Arm, und als ihr Gesicht bleich wurde und die Wände sich um Dr. Sheldon zu drehen begannen, lächelte sie wieder, und er lächelte zurück, bevor er die Schwester rief.

Sarah hatte ein wenig rascher als sonst mit dem Nuckeln aufgehört, und Kate war so dankbar, daß sie ihr während des Bäuerchenmachens Liedchen trällerte. Alles ging glatt; Klein Sarah, dösig vom Stillen, war völlig zufrieden damit, in ihrem Bettchen zu liegen und der Welt etwas vorzubrabbeln. Kate zog sich wie ein Chirurg für den Einsatz an, genau und sorgfältig in jeder Bewegung. Sie warf wieder einen prüfenden Blick auf die Uhr. Fünfundzwanzig Minuten, um zur Synagoge zu kommen. Sie war gestern hingefahren und hatte die Zeit gestoppt; die Synagoge war nur eine Viertelstunde entfernt. Fünf Minuten, um einen Parkplatz zu finden, fünf Minuten, um Sarah aus ihrem NASA-Autositz zu heben, hinein in ihren Snugli. Den Snugli kannst du vergessen, in Sommerkleid und Blazer kann man kein Baby in einem blauen Kordsamt-Snugli tragen. Okay, kein Snugli. Ich nehme sie auf den Arm, eingewickelt in eine gelb-blaue Decke, damit ihre Augen und ihr Haar zur Geltung kommen. Prima.

Kate führte die geplanten Schritte alle aus, schloß die Vordertür ab und stieg ins Auto, schnallte dann Sarah fest, wohlverpackt in der Wolldecke, die ihren weichen, knochenlosen Hals abstützte.

»Wir dampfen ab. Los geht's ins wilde Blau dahinten, fliegen hoch in die Lüfte ... Sarah war in eines ihrer spontanen Nickerchen gefallen, aus dem sie bezaubernd und lebhaft erwachen würde, ohne schon Hunger zu haben. Ideal, um Dr. Sheldon zu sehen.

Bis zum sechsten Monat hatte man Kate die Schwangerschaft nicht im geringsten angesehen. Die anderen Frauen in der Bibliothek redeten jetzt gelegentlich mit ihr, erzählten ihr Dinge. Den Sommer über hatten sie Kate sich selbst überlassen in dem Gefühl, sie würde, egal ob ihr Schweigen nun auf schlechten Manieren, häuslichen Problemen oder auf quälender Schüchternheit beruhte, einfach zu anstrengend sein. Schwanger und ledig und bereit, jedermanns Rat anzunehmen, war Kate jedoch nicht allzu anstrengend. »Geh zu Dr. Sheldon«, rieten sie ihr beim Mittagessen im Hinterzimmer. »Er ist der Beste.« Besonders für leicht komische, entwurzelte, ledige Mütter – die, die unbedingt eine werden wollen, und die, die um zwei Uhr morgens mit jemandem reden mußten, und nicht nur über ihre Babys. Und als Kate Dr. Sheldon kennenlernte und er nicht die Lippen schürzte, als sie sagte, sie hätte den Vater nur einmal getroffen und werde es hoffentlich nie wieder, wußte sie, daß sie und ihr Baby an der richtigen Stelle waren. Als er ihr aus dem Sessel half, fühlte sie sich himmlisch schön und so zart wie der Atem eines Babys; die schmerzenden Knöchel und das Sodbrennen waren vergessen.

Sie fuhr mit bis zur Synagoge und war entsetzt, Unmengen von Autos zu sehen. Das war ja wie vor einem Großflughafen, Frauen und Kinder wurstelten sich von den Rücksitzen, und die Frauen trugen allesamt Hüte. Kate legte froh die Hand auf den weißen Hut neben sich, der ideal zu ihrem blonden Haar paßte. Er würde ihn mögen. Sie wußte, daß er ihr Haar mochte, nachdem sie gehört hatte, wie er Sarahs Entenflaum kommentierte. »Noch nicht viel«, sagte er in der Nacht, als er ganz nah bei ihr saß, »aber sie wird Ihre Locken haben, sobald sie ein Jahr alt ist.« Die Männer fuhren die Autos vom Eingang weg und reckten die Hälse, um eine Parklücke zu entdecken. Sie hatten natürlich keinen Hut auf, bloß diese kleinen runden Käppis – wie hießen die noch gleich? Sie könnte Dr. Sheldon fragen. Bloß wäre er durch ihre Unwissenheit vielleicht eher gekränkt als von ihrem Interesse bezaubert. Bitte, mach, daß er mich bezaubernd findet und meine Tochter unwiderstehlich.

Als sie endlich einen Platz hinter dem A & P gefunden hatte, fühlte sie sich klebrig und verknittert. Sie schnappte sich Sarah, als wollte sie sich im Football versuchen, und trabte Richtung Synagoge, die eine Riesenkuppel hatte und zwischen einem Sandwich-Laden und einer chemischen Reinigung überdimensional aussah. Als es noch einen Häuserblock weit war, ging Kate langsamer, leckte sich die Lippen und fuhr mit der freien Hand glättend über die Vorderseite ihres Kleides. Bitte.

Er stand auf dem Bürgersteig und unterhielt sich mit einigen Männern, aber solo. Keine Frau. Sie würde eine dieser Danksagungen an den heiligen Judas in die Zeitung setzen, so in der Art: »Danke, daß Du mir geholfen hast. Nun brauche ich Dich mehr denn je.« Sie schob Sarah gegen die linke Schulter, hängte sich die Handtasche und den Beutel mit dem Wickelzeug über die rechte Schulter und lächelte, wie es sich ihre Mutter immer von ihr gewünscht hatte.

»Na so was, Dr. Sheldon.«

»Ms. Tillinghast. Was für eine Überraschung, was für ein Vergnügen. Ich wußte gar nicht, daß wir zur selben *shul* gehören.«

Kate dachte rasch nach und kreiste das seltsame Wort ein. »Ich bin zwar noch nie hier gewesen, wollte aber schon immer mal kommen. Hoffentlich stört das Baby niemanden, meine Babysitterin hat es heute nicht geschafft.« Kate lächelte bescheiden, wollte zeigen, sie wisse schon, daß einige Leute Babys nicht mochten und sie für gedankenlos hielten, Sarah mitgebracht zu haben. Aber nicht so Dr. Sheldon, und das war der Grund, weshalb sie Joan für heute abgesagt hatte.

»Nein, natürlich nicht. Wer könnte etwas gegen diesen Engel haben, den lebendigen Beweis für Gottes Güte?«

Als er sich zu Sarah hinabbeugte, um sie auf ihren runden, nassen Hinterkopf zu küssen, fühlte sich Kate so glücklich, daß sie meinte, ihr Herz müsse ihr gleich durch die Brust brechen und die Synagoge umfliegen, wie eine freigelassene Taube.

Sie blinzelten einander im Septemberlicht an, lächelten

und fragten sich, was der andere wohl sah. Einen bleichen, übergewichtigen Mann, der in seinem alten marineblauen Anzug schwitzte, eine schwarzeingefaßte Brille trug, die bis zur Mitte seiner großen Nase gerutscht war, und wilde graue Locken um seine kahle Kopfstelle hatte. Nichts dergleichen; Kate sah Gott. Eine leicht überkandidelte Frau, kribblig vor Erschöpfung und Einsamkeit, aber nein, das sah Dr. Sheldon nicht. Er sah, daß ihre dunkelblauen Augen leuchteten, wenn sie auf seinem Gesicht ruhten, und daß ihre Hand zärtlich, unbewußt auf seinem Ärmel lag, wie eine Lilie. Er sah in ihrem gemeinsamen Zuhause weiße Blumen stehen und buntes Plastikspielzeug auf dem Boden herumliegen. Er würde nicht allein sein.

»Die Leute gehen schon rein«, sagte er.

»Oh.« Sie klang verletzt, und das erschreckte ihn. War er zu aufdringlich? Vielleicht wollte sie nicht mit ihm dort drinnen sitzen.

Dr. Sheldon tat einen Schritt zurück, um zu zeigen, daß er ihr nicht zu nahe kommen wollte, und Kates Augen füllten sich mit Tränen. Wie konnte er sie jetzt verlassen, jetzt, wo sie zusammen waren?

Sarah boxte ein rosa Füßchen unter ihrer Decke vor, und sie beide sahen es an, wie es sich in der Luft hin und her bewegte. In Kates Gesicht drückten sich Verlust und Liebe so stark aus, daß Dr. Sheldon die Hand nach ihr ausstreckte, und sie preßte sie sich gegen die Hüfte, als sie Sarah die Treppe zur Synagoge hochtrugen.

Schlafwandeln

Ich bin gescheit zur Welt gekommen und hatte mein Leben lang Glück, so wußte ich nicht einmal, daß das, was ich für sorgfältiges Planen hielt, nichts anderes war, als zur rechten Zeit am rechten Platz zu sein und so der Lawine zu entgehen, die ich nicht einmal kommen hörte.

Nachdem das Begräbnis vorbei war, der kalte Truthahn und der glasierte Schinken vertilgt, exzellenter Jazz gespielt und einige exzellente Musiker, betrunken vom Bourbon, der zu Ehren Lionels ausgeschenkt wurde, nach Hause gegangen waren, blieben nur noch ich, meine Schwiegermutter Ruth und die beiden Jungen, Lionel junior aus Lionels zweiter Ehe und Buster, unser kleiner Junge, übrig.

Ruth schob sich von der Couch hoch, wobei ihr schwarzes Taftkleid vorwurfsvoll raschelte. Ich konnte es nicht ertragen, daß sie mit dem Abwasch anfing und mit der Zunge über den Zustand meiner Küche schnalzte, in der die Fenster nicht geputzt werden und ich nicht hinter dem Eisschrank schrubbe.

»Ruth, laß es stehen. Ich mach's später am Abend.«

»Schiebe niemals was auf morgen, was du heute kannst besorgen. Ich spüle jetzt gleich, und dann kann mich Lionel junior nach Hause befördern.« Ruth glaubt nicht, daß es nach dem Willen des Herrn ist, wenn Ladies Auto fahren; eher fährt sie, die Augen fest geschlossen, mit ihrem betrunkenen Sohn oder ihrem zu Unfällen neigenden Enkel, als daß sie einen Fuß in meinen Wagen setzt.

»Ruth, bitte, ich möchte später lieber noch zu tun haben. Bitte. Laß mich eine Tasse Tee für uns machen, danach bringen wir dich nach Hause.«

Tee, Buster und Lionels relative Nüchternheit waren die drei wichtigen Beiträge, die ich zu Ruths Leben geleistet hatte; alle unsere Waffenstillstände und die wenigen Male, wo wir es schön miteinander gehabt hatten, waren auf Tee und Buster zurückzuführen.

»Ich sollte aufbrechen und dich nicht länger aufhalten.«

»Earl Grey? Darjeeling? Constant Comment? Ich habe auch Hagebuttentee, er ist leicht, mit einem Hauch von Zitrone.« Ich weiß nicht, warum ich sie zum Bleiben drängte, ich würde sie, solange ich die Jungen hatte, sowieso nicht loswerden. Obschon Ruth nicht mehr direkt der Meinung war, ich sei das Allerletzte, ließ sie doch keinen Zweifel daran, daß ich nie ihrer Vorstellung von einer vollkommenen Schwiegertochter entsprochen hatte, einer Kreuzung zwischen Marian Anderson und Florence Nightingale.

»Du hast Earl Grey?« Ruth schwankte, ein kleines Lächeln auf ihrem traurigen Mund, ihr Kirchgang-Lippenstift war zu einer verwischten rosa Linie auf ihrer Oberlippe verblaßt.

Wenn ich Ruth unbedingt auf meiner Seite brauchte, arrangierte ich einen englischen Tee: die Spode-Teekanne, leinene Tischsets, Scones und drei Sorten Marmelade. Und eine halbe Stunde lang nippten wir an unseren Tassen und kauten, froh, so zivilisiert zu sein.

»Also Earl Grey.« Ich stand auf, um Wasser aufzusetzen, und trat dabei auf Buster, der neben meinem Stuhl auf dem Boden saß, mir zu Füßen sozusagen.

»Jesses, Buster, ist alles in Ordnung?« Ich schloß ihn in die Arme, bevor er anfangen konnte zu weinen, und hob ihn aus dem Weg.

»Der Name des Herrn«, murmelte Ruth und verdrehte die Augen nach oben, um sich bei Jesus persönlich zu entschuldigen. Ich hatte Lust, ihr einen Schlag zu verpassen, mitten in ihr weiches schwarzes Gesicht, und sie darauf hinzuweisen, daß Gott uns im letzten Jahr nicht besonders gut behandelt hatte, beide hatten wir den Ehemann verloren, also mußten wir uns nicht übermäßig mit Seinem Gekränktsein befassen. Ruth weckte in mir den Wunsch, eine spektakulär ausschweifende Heidin zu werden.

»Tut mir leid, Ruth. Buster, setz dich zu deiner Großmutter, Liebling, und ich mache uns allen einen Tee.«

»Nein, wirklich, bemüh dich nicht, Julia. Lionel junior, bitte bring mich nach Hause. Gabriel, komm, gib deiner Omi einen Abschiedskuß. Ihr Jungen, seid anständig, denkt daran, daß ihr euch benehmt, wie es euer Papa gern gehabt hätte. Ich sehe euch alle morgen zum Abendessen.«

Sie war fest entschlossen zu gehen, gemartert und ohne Tee, und so trat ich an, sie zu küssen. Ruth legte mir die Hände auf die Schultern, die einzige Geste, mit der sie Zuneigung zeigte und die ihr gleichzeitig erlaubte, so zu tun, als sei sie ein bißchen größer als ich statt ein bißchen kleiner.

Sie verschwand mit Lion, und Buster und ich kuschelten uns auf dem Sofa aneinander, sein volles Gesicht gegen meine Brust gepreßt, meine Haut auf seinem weichen Haar. Ich fühlte mich fast heil.

»Sing, Mami.«

Lionel hatte sich immer gewünscht, mit mir zusammen eine Aufnahme zu machen, und ich hatte es immer abgelehnt, weil ich nicht gern etwas vorführe und auch keine bluessingende Marion Davies für Lionels William Randolph Hearst sein wollte. Aber ich liebte es zu singen, und er liebte es zu spielen, und heute bedaure ich, daß wir nicht ein einziges Lied zusammen aufgenommen haben.

Ich versuchte auf etwas zu kommen, das Buster beruhigen, mir aber nicht das Herz brechen würde.

Ich sang »Amazing Grace«, obwohl ich nicht genau den Ton traf, ich sang Teile von dem und jenem Lied, und dann war Buster eingeschlafen und ertrank fast in meinen Tränen.

Ich hörte Lionel juniors Schritte und wischte mir das Gesicht am Ärmel ab.

»He, Lion, bringen wir dieses Kerlchen ins Bett.«

»Der ist groggy, was? Du siehst auch müde aus. Warum legst du dich nicht hin, und ich spüle das Geschirr?«

Das war mein Lion. Ich glaube, weil ich es vorzog, ihn zu lieben, es vorzog, ihm eine Mutter zu sein und nicht einfach die Frau seines Vaters, gab Lion mir alles nach Kräften zurück. Er war mein bester Tischdecker, Autowäscher, Unkrautjäter; in zwölf Jahren habe ich ihm gegenüber vielleicht zweimal die Stimme erhoben. Als Lionel ihn das erste Mal mitbrachte, damit ich ihn kennenlernte, schaute ich in diese wachsamen Augen, aus denen gegen seinen Willen Hoffnung schimmerte, und ich wußte, daß ich noch jemanden zum Lieben gefunden hatte.

Ich trug Buster in sein Zimmer, legte ihn aufs Bett und streifte ihm die Slipper ab. Ich zog die Steppdecke hoch mit den langbeinig rennenden Basketballspielern drauf und küßte sein nasses kleines Gesicht. Ich dachte daran, was für ein Glück ich hatte, Buster und Lion zu haben und selbst Ruth, die mich auf alle Zeit triezen mochte, aber nie verlassen würde, und ich dachte daran, wie kalt und einsam mein armer Lionel sein mußte, ohne Bourbon, ohne Musik und ohne Zuhörer, und ich ging ins Badezimmer, um mir das Gesicht noch einmal abzutrocknen. Lion reagierte panisch, wenn er mich weinen sah.

Er lag auf der Couch, die Schuhe ausgezogen, das Gesicht den Kissen zugewandt.

»Möchtest du Sprudel oder ein Bier? Vielleicht Musik?«

»Nö. Vielleicht Musik, aber nicht die von Paps.«

»Nein, nein, nicht die von deinem Vater. Wie wär's mit Billie Holiday, Sarah Vaughan?«

»Wie wär's mit was Flotterem? Wie wär's mit Luther Vandross?« Er hatte sich umgedreht, um mich anzusehen.

»Ich hab nichts in der Art – weißt du doch.« Lionel und

ich haßten Bubblegum-Musik, und so hatte Lion natürlich die weltgrößte Sammlung Schlabber-Soul; wenn was nur öde war, kaufte er es.

»Ich hol meine Kassetten«, sagte er und setzte sich halb auf, wollte sehen, ob ich ihn ließ. Wir hatten ihn dazu gebracht, sie in seinem Zimmer zu spielen, damit wir nicht alles mithören mußten, aber Lionel war nicht da, um den Jungen anzubrummen, und mir war's völlig egal.

»Spiel, was du willst, Liebling«, sagte ich und lehnte mich zurück in Lionels braunen Plüschsessel mit der verstellbaren Rückenlehne. Alte Ausgaben von *Downbeat* und Trident-Päckchen steckten noch zwischen Kissen und Armlehne. Lion war im Nu in seinem Zimmer und kam auch schon mit einem Armvoll Kassetten zurück.

»Luther Vandross, Whitney Houston ... was würdest du gerne hören?«

»Such du was aus.« Schon zu reden war mühselig. Er nahm eine der Kassetten, und ich schloß die Augen.

Ich hatte nicht erwartet, Lionel so sehr zu vermissen. Wir hatten zwölf Jahre miteinander gehabt, davon war er elf nüchtern gewesen; wir hatten Buster gekriegt und Lion aufgezogen, waren zusammen zur Grammyverleihung gefahren, als er nominiert war, und er war nüchtern geblieben, als er ihn nicht bekam, und wir hatten miteinander geschlafen, in manchen Jahren mit mehr Lust als in anderen; wir hatten ein paar andere Frauen für ihn hinter uns, Blondinen, die er sich nicht entgehen lassen konnte, und einen anderen Mann für mich, also ließ ich das Kritisieren. Wir kannten einander so gut, daß er, als ich etwas über einen anderen Jazzmusiker schrieb, genau den einen Satz herausfischte und sagte: »Eigentlich meinst du das von mir«, und er hatte recht. Er war ein besserer Vater, als es Musiker im allgemeinen sind; er nahm uns mit, wenn er nach Europa fuhr, und egal, wie spät er Samstag nachts spielte, sonntags stand er immer auf und machte Frühstück.

Vielleicht waren wir nicht das ideale Paar, vom Alter, vom Temperament her oder von der Hautfarbe, aber wir mühten uns redlich, und wir waren willens durchzuhalten, nur die Chance dazu haben wir nicht gekriegt.

Lion kam und setzte sich zu mir, lehnte den Kopf gegen mein Knie. Genau wie Buster, dachte ich. Lions Mutter war halb Italienerin, wie ich, und so sehen sich die beiden Jungen ähnlich: weichere, geschmeidigere Ausgaben ihres Vaters.

Ich strich ihm über das Haar, fuhr mit dem Daumen seinen Nacken auf und ab und spürte, wie die Muskeln hervortraten. Als er klein war, konnte er nicht ohne sein abendliches Nackenreiben einschlafen, und er gab's erst mit fünfzehn auf, da Lionel es mir einfach nicht mehr durchgehen ließ.

»Mitternacht, Liebling. Ein langer Tag, eine lange Woche. Geh schlafen.«

Er stieß den Kopf gegen mein Bein und weinte, wie Männer es tun, so als würde ihnen etwas herausgerissen. Seine Tränen liefen mein nacktes Bein hinunter, und ich fühlte, wie die Bänder, die mich zusammenhielten, einfach rissen. Eins, zwei, drei, und es gab keine Mitte mehr.

»Geh schlafen, Lion.«

»Und was ist mit dir?«

»Ich bin noch nicht richtig bettreif, Liebling. Troll dich. Bitte, geh schlafen.«

»Okay. Gute Nacht, Ma.«

»Gute Nacht, mein Kind.« Ein neunzehn Jahre altes Kind.

Er zog sich hoch und verschwand auf sein Zimmer. Ich warf einen Blick schräg rüber in die Küche, sah all das Geschirr und schloß wieder die Augen. Nach einer Weile stand ich auf und machte Schluß mit dem kleinen Rest Jim Beam, der noch in der Flasche war. Wegen Lionels unentwegten Versuchen, trocken zu bleiben, hatten wir das Zeug nicht herumstehen gehabt, und jetzt nahm es mir fast den Atem. Aber das Brennen in der Kehle war beruhigend, wie in alten Zeiten, und es lenkte mich ab.

Ich ging die Diele entlang zum Schlafzimmer, das ich die Lionel-Sampson-Gedenkstätte nannte. Da waren nicht nur seine gerahmten Albumhüllen, sondern auch all seine Lieblingsbesprechungen, einschließlich derjenigen, die ich geschrieben hatte, bevor ich ihn kennenlernte; eine von Billies auf Samt aufgezogenen Gardenien war dort, hinter Glas gepreßt; Fotos von Lionel, wie er mit ebenso berühmten oder berühmteren Musikern spielte, mit berühmten Fans plauderte. In mancherlei Hinsicht ist es leichter, einen Mann mit großem Ego zu heiraten; man braucht sich nicht ständig um ihn zu sorgen, sich keine Gedanken machen, ob man ihn aufpäppeln muß oder nicht.

Ich warf mein schwarzes Kleid auf den Boden, meine schlimmste Angewohnheit, und legte mich ins Bett. Ich wachte gegen vier auf und wartete auf etwas. Kurz darauf spazierte Buster herein, die Augen halb zu, ein blaues Frotteetuch um den Nacken geschlungen, wie ein kleiner Boxer.

»Ich bleib jetzt bei dir, Mami.« Trotzig noch im Schlafen, er wußte, wäre sein Vater dagewesen, hätte er zurück gemußt auf sein Zimmer.

»Dann schlüpf rein, Bus. Versuchen wir noch ein bißchen Schlaf zu kriegen.«

Er knuddelte sich wortlos neben mich, einen Arm über mir ausgestreckt, den anderen in seiner Pyjamahose, zwischen den Beinen.

Ich hatte gerade wieder die Augen geschlossen, als ich spürte, daß etwas da war, was nicht hergehörte. Lion stand in der Tür, sein Slip hing ihm schlabberig um die hohen, mageren Hüften. Er braucht neue Unterwäsche, dachte ich. Er sah nur ein Jahr älter als Buster aus.

»Ich hab gedacht, ich höre Buster rumschleichen, weißt du, schlafwandeln.«

Der einzige, der je in unserer Familie schlafwandelte, war Lion, aber das sagte ich nicht. »Ist schon gut, er wollte bloß Gesellschaft. Fühlte sich einsam heute nacht.«

»Ja. Ma?«

Ich war müde vom Grübeln, und ich wollte ihn nicht wegschicken, wollte mit niemandem mehr reden, und so sagte ich: »Komm rein, Liebling, das Bett ist groß.«

Er kroch rein und legte sich neben seinen Bruder, und nach ein paar Minuten war er eingeschlafen. Ich beobachtete, wie die Digitaluhr durch etliche Zahlen strich, und stand schließlich auf und las.

Die Jungen wachten früh auf, und ich machte ihnen ein Jersey-City-Frühstück, wie Lionel es nannte: Eier, frische italienische Wurst, Hafergrütze, kleine weiche Brötchen und ein viertel Liter Milch für jeden.

»Buster, die Fußballfreizeit fängt heute an. Ist dir danach zumute?«

Ich sah keinen Grund, warum er zu Hause sitzen sollte; er konnte sich noch den Rest seines Lebens in seine Trauer vertiefen.

»Glaub schon. Darf man das, Mami?«

»Ja, Liebling, ist schon in Ordnung. Ich bin froh, wenn du gehst. Ich hol dich um fünf ab, und dann fahren wir schnurstracks zur Oma Abend essen. Du machst dich startklar, wenn du fertig gefrühstückt hast. Vergiß deine Stollen nicht, sie sind in der Diele.«

Lion trank hastig seine Milch und stand auf, wie ein brauner Flamingo auf einem Fuß balancierend, während er sich den Turnschuh anzog. »Los, Buster, ich bringe dich, ich muß sowieso in die Stadt. Brauchen wir irgendwas?«

Ich war seit etwa einer Woche nicht beim Lebensmittelhändler gewesen. »Hol Milch und Orangensaft, englische Muffins und amerikanischen Cheddar. Ich kaufe morgen richtig ein.« Wenn ich bloß zum Laden käme und zur Reinigung, dann könnte ich mich wieder an die Arbeit machen, und mein Leben liefe weiter.

Schließlich waren sie aufbruchbereit, und ich küßte sie beide und gab Lion Geld für die Lebensmittel.

»Ich bin bis Mittag zurück«, sagte er. Es war schon halb neun. Seit sein Vater krank geworden war, hatte er mir stündliche Bulletins über seinen momentanen Aufenthalt gegeben. In dem Sommer damals strich er Häuser an und kam ständig heim, ging spät los, kam früh zurück und war auch zum Mittagessen da.

»Wie du willst«, sagte ich. Ich wollte nicht, daß er das Gefühl hatte, er müsse mir Gesellschaft leisten. Ich hatte mir vorgenommen, am nächsten Tag oder am darauffolgenden meine Arbeit wiederaufzunehmen.

Während die Jungen weg waren, brachte ich das Haus in Ordnung, ging etwas spazieren und machte Thunfischsandwiches mit Curry für Lion. Ich hielt am Fenster Ausschau nach ihm, und als ich mein Auto in die Straße einbiegen sah, fielen mir all die Dinge ein, die ich nicht erledigt hatte, und ich machte mich daran, eine Liste aufzustellen. Er kam herein, schwitzend, ohne Hemd; Hände, Schultern und Turnschuhe vollgetropft mit weißer Farbe.

Lion aß, und ich beobachtete ihn lächelnd. Ihnen etwas zu essen vorzusetzen war die einfachste und klarste Weise, sie zu lieben, sie zu halten.

»Ich geh mich duschen. Danach könnten wir Tennis spielen oder auf der Veranda arbeiten.« Er hatte im Nu beide Sandwiches verschlungen und bekam den sehnsüchtigen Blick, den Jungen im Teenageralter kriegen, wenn sie wollen, daß man ihnen noch einen Nachschlag gibt. Ich machte zwei Sandwiches mit Erdnußbutter und Marmelade und legte sie ihm auf den Teller.

»Prima. Ich muß heute nachmittag nicht arbeiten. Ich habe Joe gesagt, daß ich womöglich nicht mehr komme, und er war damit einverstanden.«

»Hm, ich räume nur so herum, mache die Wäsche, erledige ein paar Briefe. Ich freue mich über deine Gesellschaft, das weißt du, aber du brauchst nicht hier bei mir zu bleiben. Vielleicht möchtest du ja lieber zu deinen Freunden.«

»Nein, will ich nicht. Ich dusch mich jetzt.« Wie sein Vater bot er seine Liebe nur einmal an, und wehe, man verstand den Wink nicht.

Ich saß am Tisch und schaute hinaus auf die Purpurwinde, die sich am Spalier hochrankte, das Lionel mir in dem Sommer gebaut hatte, als er mit dem Trinken aufhörte. Außer dem Spalier bekam ich noch zwei Blumenkästen, einen Zeitungsständer und eine so häßliche Fußbank, daß nicht einmal Ruth sie haben wollte.

»Ma, keine Handtücher«, schrie Lion aus dem Badezimmer. Ich dachte, das ist nett; als ginge das wirkliche Leben einfach weiter.

»Komme schon«, rief ich und holte eins der großen bauschigweißen Badetücher, die er so mochte.

Ich ging ins Badezimmer und legte es gerade auf den Handtuchhalter, als er aus der Dusche trat. Ich hatte ihn nicht mehr nackt gesehen, seit er vierzehn war und das ganze Jahr über oben ohne herumstolzierte, damit wir sein Achselhaar bewundern konnten und die ersten schwarzen Haarbüschel zwischen seinen Brustwarzen.

Alles, was ich im Dunst erkennen konnte, war eine karamelfarbene Säule und zwei Stellen mit dunklen Locken, tintenschwarz gegen seine Haut. Ich erwartete, daß er wegschauen würde, verlegen, statt dessen nahm er das Handtuch und blickte mich direkt an, und ich war diejenige, die sich abwandte.

»Pardon«, sagten wir beide, und ich zog mich aus dem Bad zurück und ging gleich hinunter ins Souterrain, damit wir uns für eine Weile nicht begegneten.

Ich griff nach allem, was mir in die Finger geriet, steckte es in die Waschmaschine, in den Trockner oder faltete es zusammen, wobei ich unablässig auf Lions Schritte über mir lauschte. Ich konnte nichts hören, solange die Maschinen liefen, und nach etwa einer Stunde ging ich hoch und fand eine Nachricht auf dem Küchentisch.

»Lege mich kurz hin. Weck mich, wenn's an der Zeit ist, Buster zu holen. L.«

»L.« Genauso hatte sein Vater immer seine Mitteilungen unterschrieben. Und auch ihre Schrift war gleich: die ungeschickten sorgfältigen Druckbuchstaben von Leuten, die wissen, daß ihre Handschrift unleserlich ist.

Ich duschte, trocknete mir das Haar und schaute eine Zeitlang in den Spiegel, musterte das Grau an meinen Schläfen. Ich fragte mich, was Lion gesehen hätte, wenn er überraschend bei mir hereingekommen wäre, und beschloß, mir nie wieder so was auszumalen.

Ich weckte Lion, indem ich ihn von der Diele aus rief, dann verschwand ich in mein Zimmer, während er sich anzog, um zu seiner Großmutter zu fahren. Ich fand einen Rock, der düster und schlechtsitzend genug war, um Ruths Vorstellung von Witwenschaft zu entsprechen, und dachte daran, ihn mit meinem »Eight to the Bar Volleyball Champ«-T-Shirt zu krönen, ließ es aber. Nicht mal an Ruths Kette zu zerren machte Spaß. Ich zog ein gelbes T-Shirt an, in dem ich wie eins der neapolitanischen Cholera-Opfer aussah, dann holten Lion und ich Buster ab. Es sprudelte nur so aus ihm heraus, wie er das Tor vor Ende der zweiten Halbzeit geschossen hatte, und sein Reden erfüllte das Auto, bis wir Ruths Haus erreichten, wo sie die Leitung übernahm.

»Kommt rein, rein mit euch, Gabriel, du bist zu dreckig, um mein Enkel zu sein. Du wäschst dich jetzt gleich. Lionel junior, du siehst ein bißchen spitz aus. Entweder du arbeitest zu hart, oder du spielst zu hart. Ißt er, Julia? Komm, setz dich her und trink ein schönes Glas eisgekühlten Tee mit Pfefferminze aus meinem Garten. Julia, rate mal, von wem ich heute nachmittag gehört habe? Von Loretta, Lionels erster Frau. Sie hat angerufen, um mir ihr Beileid auszusprechen. Ich hab ihr gesagt, sie könnte auch dich mal anrufen, wenn sie will.«

»Schön.« Ich hatte nicht die Kraft, mich zu ärgern. Meine Muskeln fühlten sich wie Butter an, ich hatte seit sechs Tagen

Kopfschmerzen, und meine Augen waren so entzündet, daß sie weh taten, selbst wenn ich sie zumachte. Wenn Ruth eine gewisse Loretta McVay Sampson de Guzman de Gott weiß was auf mich hetzen wollte, mußte ich vermutlich auch durch diese kleine Hölle hindurch.

Ruth warf mir einen Blick zu, wahrscheinlich enttäuscht; ich wußte von Lionel, daß sie Loretta nicht leiden konnte, aber da sie die einzige Schwarze war, die er geheiratet hatte, fühlte Ruth sich verpflichtet, etwas Gutes an ihr zu finden. Sie war eine schlechte Sängerin, eine Hure und als Hausfrau eine Katastrophe, so daß Ruth sich ernsthaft bemühen mußte. Anita, Ehefrau Numero zwei, war eine hübsche reiche Spinnerin von großer Zerbrechlichkeit und stark drogenabhängig, was sie schließlich auch umbrachte, als Lion fünf war. Ich war die einzige normal funktionierende Person, mit der er sich je eingelassen hatte: Ich arbeitete, ich kochte, ich hielt unser Konto ausgeglichen, ich tat, was zu tun war, genau wie Ruth; und war ihr doch ein stetes Ärgernis.

»Warum machst du denn so was, Oma? Loretta ist richtig fies. Sie will wahrscheinlich nur rauskriegen, ob Pa ihr was im Testament hinterlassen hat. Hat er aber bestimmt nicht.« Loretta und Lionel hatten eine kleine Affäre, als Anita sich in einem ihrer Rehabilitationszentren aufhielt, und ich glaube, Lion hat das herausgefunden und natürlich Loretta die Schuld daran gegeben.

»Ist schon gut, Lion«, sagte ich und konnte mich gerade noch zurückhalten, seine Hand zu streicheln, wie ich es bei Buster tat.

Ruth war beleidigt. »Also wirklich, junger Mann, das war sehr anständig von ihr, die reine Höflichkeit, daß Loretta sich gemeldet hat, und ich bin sicher, deine Stiefmutter würdigt das.« Ruth fand es respektlos, mich Julia zu nennen, wenn sie mit Lion sprach, trotzdem ging es ihr gegen den Strich, daß er mich Ma nannte, nach den vier Jahren, die sie hineingesteckt hatte, ihn großzuziehen, dieweil Anita sich umbrachte und

Lionel auf Tournee war. Und so sagte sie »deine Stiefmutter«, was mir immer das Gefühl gab, als könnten Kutscher und Herrschaft nicht allzu fern sein. Lion sah mich dann an und lächelte.

Wir aßen zu Abend, und Buster spielte sich mit Fußball auf und lieferte uns einen minutiösen Bericht von dem Video über das Fußballtraining, das er gesehen harte. Ruth tadelte die Tischmanieren der Jungen, erkundigte sich, wie lange ich denn in Trauer zu Hause bleiben wollte, und drückte ihr Entsetzen aus, als ich sagte, ab Montag ginge ich wieder arbeiten. Kurz und gut, das war Ruth, wie sie leibt und lebt, nur ein bißchen schlimmer, was für den Rest von uns genauso galt. Daneben servierte sie uns panierte Schweinekoteletts, unübertroffen köstlich, zusammen mit ihren gewohnt großartigen Beilagen. Ihre Laune besserte sich, als die beiden Jungen einen Nachschlag verlangten und ich eine volle Minute Koteletts und Kartoffelsoufflé lobte.

Nach dem Essen räumte ich den Tisch ab, und Ruth und ich spülten und trockneten das Geschirr ab, während die Jungen fernsahen. Ich wußte nie, was ich mit Ruth reden sollte; mein Schwiegervater war da unproblematisch, und als Alfred starb, verlor ich meinen größten Fan. Ich sah zu Ruth hinüber, wie sie ordentlich die aufgestapelten Töpfe scheuerte, mit ihren rosafarbenen Gummihandschuhen, passend zu ihrer rosaweißen Schürze, an der nichts Niedliches oder Drolliges war. Sie hatte Lionel nicht dazu erzogen, ein guter Ehemann zu sein; sie hatte ihn zu einem Krieger erzogen, einem Gott, einem Genie, umgeben von Höflingen. Aber ich hatte ihn trotzdem geheiratet; als er zu alt war, um Krieger zu sein, zu müde, um Gott zu sein, und klug genug, um die Grenzen seines Talents zu erkennen.

Ich dachte über ein Leben ohne meine Jungen nach, und ich drückte Ruth ein wenig an mich, als sie sich die Handschuhe auszog. Sie machte »hm« und wischte sich die Hände an ihrer Schürze ab.

»Du mußt jetzt auf dich aufpassen. Die Jungen brauchen dich mehr denn je.« Sie sah ins Wohnzimmer und verkündete, es sei Zeit für uns zu gehen, da sie ein Gemeindetreffen habe.

Wir bedankten uns bei ihr, und ich fuhr nach Hause mit drei rosafarbenen Tupper-Boxen neben mir, der ganze Wagen roch bald nach Schweinekotelett.

Ich wollte Buster ins Bett bringen, aber es war erst acht. Ich ließ ihn sich eine Serie ansehen, stieg aus meinen Kleidern und zog den Bademantel über. Lion erschien in der Diele und hatte ein frisches Hemd an.

»Gehst du aus?« Er sah so gut aus in seinem blendendweißen Hemd.

»Ja. Ein paar von den Jungs gehen ins Navigator. Ich hab gesagt, ich schau rein, mal sehn, wer da ist. Warte nicht.«

Ich war freudig überrascht. Ich warf ihm die Schlüssel zu. »Okay, fahr vorsichtig.«

Buster zog sich seinen Schlafanzug an und putzte sich sogar die Zähne, ohne daß ich ihn dazu drängen mußte. Offensichtlich hatte er verstanden, daß ich nicht mit voller Kraft lief. Ich packte ihn ins Bett und ließ ihm reichlich Umarmungen und Küsse zukommen, damit er sich beruhigte, doch nicht zu viele, sonst hätte ich ihn noch weitere fünfzehn Minuten für eine Extraportion am Hals hängen gehabt. Ich setzte mich in die Küche und starrte die Nachtfalter an, die gegen das Fliegengitter an der Tür klatschten. Ich verstand sie.

Ich las Illustrierte, zupfte mir die Augenbrauen, dachte daran, mir die grauen Haare an den Schläfen auszureißen, entschied mich dann aber, es zu lassen. Wer sah die denn schon? Wen störten sie, außer mir?

Schließlich ging ich ins Bett und stand nach etwa zwanzig Minuten wieder auf. Ich goß mir einen Bourbon ein und versuchte wieder zu schlafen; mir ging durch den Kopf, daß ich es nie richtig gewürdigt hatte, was es Lionel kostete, nüchtern durchs Leben zu geben. Ich wachte um vier Uhr auf und rechnete mit Buster. Aber Lion stand in der Tür.

»Ma.« Er klang wie erstickt.

»Bist du in Ordnung?«

»Jaa. Nein. Kann ich reinkommen?«

»Natürlich, komm rein. Was ist los, Liebling?«

Er hockte sich aufs Bett und zerrte an meiner Decke; er roch nach Bier und Schweiß. Ich richtete mich auf, damit wir miteinander reden konnten, und er schlang die Arme um mich wie ein Ertrinkender. Er weinte und atmete schwer in meinen Nacken hinein, aber dann hielt er inne und lehnte den Kopf einfach gegen meine Schulter. Ich tätschelte ihm weiterhin den Rücken und strich über die langen Muskeln unter der seidigen Haut. Meine Hände lagen kühl auf seinem Rücken.

Lion hob den Kopf und schaute mir in die Augen, seine eigenen Augen wie Kaffeetümpel, die im Mondlicht glänzten. Er fuhr mit der Hand meine Wange hoch und küßte mich, und mein Verstand setzte aus. Ich schloß die Augen.

Seine Küsse waren süß und langsam; er schob mir die Zunge in den Mund, immer ein bißchen weiter vor und jedesmal mit größerer Zuversicht. Er begann meine Brustwarzen durch mein Nachthemd hindurch zu reiben, indem er die Finger seiner großen Hand weit spreizte, genau wie sein Vater, ich riß mich los und zwang mich, die Augen zu öffnen.

»Nein, Lion. Du mußt jetzt in dein Zimmer zurück.« Aber ich bat ihn eher, ich befahl es ihm nicht, und ich wußte, er würde sich nicht rühren.

»Nein.« Er legte seinen sanften, pflaumenartigen Mund auf meine Brust und durchnäßte mein Nachthemd. »Bitte, schick mich nicht fort.« Die richtigen Worte.

Ich konnte meinen kleinen Jungen nicht fortschicken, und so umschlang ich ihn und zog ihn an mich heran, aus dem Dunkel.

Es war schon lange her, daß ich mit einem jungen Mann im Bett gelegen hatte. Lionel war zweiundvierzig, als ich ihn kennenlernte, und davor hatte ich mit einem Saxophonisten zusammengelebt, der acht Jahre älter war als ich. Ich hatte mit keinem Mann, der so jung war wie Lion, Liebe gemacht, seit ich siebzehn war und viel zu jung, um Gefallen daran zu finden.

Sein Körper war glatt und geschmeidig, und das Fleisch saß fest auf den Knochen; als er über mir war, sah er wie ein Athlet aus, der sein Training absolvierte, unter mir sah er wie ein Engel aus, der sich ausstreckte, auf daß die Welt ihn liebte. Seine Schultern hatten Kuhlen so tief, daß ich jeweils einen Finger hineinstecken konnte, und jede Rippe stand ein wenig hervor. Er hatte während der Schulzeit nicht genug gegessen. Ich konnte mich weder vor- noch zurückbewegen, und darum schloß ich die Augen, um nichts zu sehen und nicht dieselben traurigen, müden Gedanken haben zu müssen.

Er hob und senkte sich zwischen meinen Hüften, und es erinnerte mich an Busters Geburt; Heben und sich Gleitenlassen und dann ein explosionsartiger Stoß. Lion entschuldigte sich, wie es Männer immer tun, wenn sie zu früh kommen, und ich umarmte ihn und hatte das Gefühl, fast ich selbst zu sein, als ich ihn tröstete. Ich konnte kein Wort sagen; ich wußte nicht, ob ich je wieder meine Stimme fände.

Er flüsterte: »Ich liebe dich, ich liebe dich, ich liebe dich.« Und ich legte die Hand über seinen Mund, bis er ruhig wurde. Er versuchte mich an sich zu drücken, indem er meinen Kopf an seine Schulter zog. Ich konnte nicht so mit ihm liegenbleiben und wand mich im Dunkeln ein Stück weg, die Arme um mein Kopfkissen. Ich hörte ihn seufzen, und dann legte er den Kopf auf meinen Rücken. Er schlief sofort ein.

Ich stand vor den beiden Jungen auf, machte ein paar Nette-Nachbar-Anrufe und arrangierte für Buster eine Verabredung zum Spielen, Mittagessen eingeschlossen, dazu eine Fahrt zur Fußballfreizeit. Er war auf den Beinen, angezogen, beköstigt und drüben bei den Bergs, noch bevor Lion die Augen öffnete.

Lions Chef rief an und sagte herzliches Beileid zu unserem schmerzlichen Verlust, aber könnte Lionel junior nicht diesen Vormittag bitte zum Arbeiten kommen?

Ich legte die Hand auf Lions Schulter, um ihn zu wecken, und konnte Schrecken und Freude in seinen Augen sehen. Ich sagte ihm, er komme zu spät zur Arbeit, und legte ihm was zum Anziehen aufs Bett. Er setzte dauernd an, um etwas zu sagen, aber ich machte ihm Toast und Kaffee und warf ihm meine Schlüssel zu.

»Du bist spät dran, Lion. Wir reden, wenn du heimkommst.«

»Es tut mir nicht leid«, sagte er, und ich mußte beinah lächeln. Gut, dachte ich, verbring den Tag, ohne daß es dir leid tut, denn irgendwann wirst du dich wie Dreck fühlen. Ich bereute es schon mehr, als ich je etwas im Leben bereut hatte, Reue genug für dieses und das nächste Leben. Lion sah mich an und dann die Schlüssel in seiner Hand.

»Ich gehe jetzt wohl. Ma ... Julia ...«

Ich war plötzlich lächerlich wütend darüber, Julia genannt zu werden. »Geh, Lion.«

Er war aus der Tür. Ich atmete durch und versuchte mir vorzustellen, wie man uns beide retten konnte. Offensichtlich konnte man sich nicht darauf verlassen, daß ich mich um ihn kümmerte, ich mußte ihn wegschicken. Ich dachte daran, auch Buster wegzuschicken, glaubte aber nicht, daß ich das über mich brachte. Und vielleicht war meine Geistesverwirrung auf Lion beschränkt, vielleicht konnte ich mich Buster gegenüber doch noch wie eine normale Mutter verhalten.

Ich rief meinen Freund Jeffrey in Falmouth an und sagte, Lion brauche einen Tapetenwechsel. Er meinte, Lion könnte morgen mit Hausanstreichen anfangen und bei ihm wohnen, die Kinder seien nicht da. Die ganze Zeit hielt ich beim Reden die Whiskyflasche im linken Arm an mich gedrückt und wußte, sollte ich diesen Anruf nicht hinter mich bringen oder den Nachmittag oder den Rest meines Lebens, fände ich da Trost. Ich glaube, ich hatte Lionel so gut dabei geholfen, das Trinken aufzugeben, weil ich nicht den blassesten Schimmer hatte, warum er oder sonstwer trank. Würde ich ihn jetzt noch einmal treffen, wäre ich zwar eine bessere Ehefrau, aber doch nicht besser für ihn. Ich packte Lions Koffer und schob ihn unter sein Bett.

Als ich Rettungsschwimmer im Ferienlager war, brachte man uns bei, wie man in Panik geratene Schwimmer rettet. Den Schwimmern ist nämlich nicht klar, daß sie sich retten lassen müssen, daß ihre Todesangst sonst beide in die Tiefe zieht, und darum müsse man manchmal, so lernte ich, den zu Rettenden bewußtlos schlagen, um ihn ans Ufer zu bringen.

Ich übte meine Rede vor dem Spiegel, auf der Veranda und beim Bettenmachen. Ich dachte, wenn ich es klar und ruhig sagte, würde er es verstehen, ich könnte ihn in Jeffreys Obhut geben, und Lion wäre bereit, den Sommer noch einmal ganz von vorn anzufangen. Ich ging zum Lebensmittelgeschäft und kaufte wahllos seltsame Dinge: marinierte Artischockenherzen für Lionel, der tot war; roten Kaviar, um daraus einen Dip für seinen Sohn zu machen, dessen Leben ich gerade zerstört hatte; für Buster Erdnußbutter, in der bereits Streifen von Traubenmarmelade waren, eine besondere Freude, für die er wohl schon zu groß war, wenn ich heimkam; ein Päckchen Kool für mich, die ich vor fünfzehn Jahren mit dem Rauchen aufgehört hatte. Ich kaufte auch Holzpolierzeug, einen Behälter mit Autowachs, eine Sechserpackung Michelob-Light, fünf TV-Dinners, ein paar Frikadellen, ohne die entsprechenden Hamburgerhälften, und eine Schachtel Pop-Tarts. Eindeutig der Einkaufswagen einer Frau, die mit ihrem Latein am Ende war.

Lion kam um drei nach Hause, und ich merkte ihm an, daß er herauszufinden versuchte, wie er mit mir umgehen sollte. Er setzte sich an den Küchentisch und runzelte die Stirn, als ich nichts sagte.

Ich setzte mich ihm gegenüber, schenkte uns beiden einen Whisky ein und zündete mir eine Zigarette an, was ihn alarmierte. Alles verriet: »Wichtiger Augenblick.«

»Laß mich zuerst sagen, was ich zu sagen habe, danach

kannst du mir vorhalten, was immer du willst. Ich habe dich sehr lieb, Lion, und ich war überglücklich, deine Mutter zu sein, trotzdem habe ich das wahrscheinlich für uns beide zerstört. Bleib sitzen. Was passiert ist, war nicht deine Schuld, du warst durcheinander, du hast nicht gewußt... Nichts wäre passiert, wenn ich ich selbst gewesen wäre. Egal...« Das Ganze lief so schief, daß ich nur noch die Zigarette zu Ende rauchen und ihn zum Bahnhof bringen wollte, gleichgültig, ob er es verstand oder nicht. »Ich glaube, du wirst dich viel besser und freier fühlen, wenn du eine Zeitlang weg bist, ich habe deshalb mit Jeffrey gesprochen...«

»Nein. Nein, verdammt noch mal, ich gehe nicht weg, und ich war nicht durcheinander, und es war genau das, was ich wollte. Du kannst mich nicht einfach wegschicken, ich bin kein Kind mehr. Du kannst mich verlassen, aber du kannst mich nicht zwingen wegzugehen.« Er rannte in der Küche herum und stieß gegen die Stühle, blind.

Ich blieb einfach sitzen. Urplötzlich fand er seine Stimme, die, die ich immer zu stärken versucht hatte, sie sollte ihren Platz finden zwischen dem Dröhnen seines Vaters und dem zufriedenen Sumsen seines Bruders. Ich hörte sein Debüt als Mann, und dabei mußte ich ihn im Zaum halten und ihn gleichzeitig aufrichten.

»Wie kann es dir so leichtfallen, mich wegzuschicken? Liebst du mich überhaupt nicht?«

Ich sprang auf, froh, einen Grund zu haben, mich zu bewegen. »Dich nicht lieben? Gerade deswegen tu ich es ja. Weil ich möchte, daß du ein glückliches, normales Leben hast. Ich schulde es dir, und ich schulde es deinem Vater.«

Er verschränkte die Arme. »Du schuldest Pa gar nichts. Er hatte alles, was er sich wünschte, er hatte alles.« Die Worte fielen messerscharf.

Ich ignorierte, was er sagte. »Es geht nicht, Liebling. Du kannst nicht bleiben.«

»Ich könnte, wenn du nur wolltest.«

Er hatte recht. Wer würde es erfahren? Ich könnte meine beiden Jungen mit ins Kino nehmen, zu Wochenendausflügen, könnte Tennis mit meinem Stiefsohn spielen, würde bemitleidet und bewundert werden. Wer würde es erfahren? Wer könnte solch ungeheuerliche Gedanken haben, außer Ruth, und die würde so was nie an die Oberfläche dringen lassen. Ich sah uns zusammen und sah, wie es sich entwickelte, das Aufkeimen von Scham, Mitleid und Zorn, da keiner von uns bekam, was er sich wünschte. Ich wollte ihn an mich drücken, ihn über seinen Verlust hinwegtrösten.

»Nein, Lion.«

Ich streckte die Hand über den Tisch, aber er entwand sich mit einem heftigen Achselzucken, griff sich meine Schlüssel und verschwand durch die Tür.

Ich blieb lange Zeit sitzen, nippte an meinem Glas und beobachtete, wie das Sonnenlicht durch die Küche wanderte. Als es fast fünf war, nahm ich die Schlüssel von Lionels Seite der Anrichte und fuhr mit seinem Lieferwagen zur Fußballfreizeit. Buster war nicht nach Reden zumute, und so hielten wir uns nur bei der Hand und hörten Radio. Ich machte den Vorschlag, zum Burger King zu gehen, weil ich mir nämlich vorstellte, vollautomatisierte Affen und Video-Spiele wären ein guter Ersatz für eine aufmerksame und kompetente Mutter. Er war glücklich, und wir schlugen so anderthalb Stunden tot. Drei Stunden noch bis zur Schlafenszeit.

Wir sahen fern, wobei wir auf der Couch saßen, seine Füße auf meinem Schoß. Alle paar Minuten sah ich zur Uhr auf dem Kaminsims und versicherte mir selbst, bis zur nächsten Werbung nicht mehr hinzuschauen. Jedesmal, wenn ich mich zu regen begann, kamen mir die Tränen, und so konzentrierte ich mich darauf, ganz still dazusitzen und zu warten, daß die Zeit verstrich. Endlich lavierte ich Buster durch seine Abendroutine und ins Bett, küßte sein Napfkuchengesicht und schüttelte sein Dr.-J.-Kissen auf.

»Wo ist Lion? Er wollte mir einen Gutenachtkuß geben.«

»Liebling, er ist ausgegangen. Er wird schon reinschauen und dir einen Kuß geben, während du schläfst.«

»Wo ist er?«

Ich grub mir die Nägel in die Handflächen; das konnte mit Buster eine halbe Stunde so weitergehen. »Er ist mit ein paar Freunden aus, Bus. Ich verspreche dir, er wird dir einen Kuß geben, während du schläfst.«

»Okay. Ich bin froh, daß er bei uns ist, Mami.«

Wie hatte ich es fertiggebracht, so schnell so viel Schaden anzurichten? »Ich weiß. Schlaf jetzt, Gabriel Tyner Sampson.«

»Nacht, Mami. Sag noch mal meinen ganzen Namen.«

»Gabriel Tyner Sampson, ein schöner Name für einen schönen Jungen. Nacht.«

Und ich dachte an den Morgen, an dem wir ihm den Namen gegeben hatten, ihn im Kreißsaal im Arm hielten, seinen knochenlosen braunen Körper, bedeckt mit weißklebriger Substanz und Blutklümpchen, und wie Lionel sich seine grüne Gesichtsmaske abriß, um mich zu küssen, und dann das Baby küßte, wobei er das Gesicht überall an Gabriels kleinem Körper rieb.

Ich zog mir meinen Kimono an und setzte mich in den Schaukelstuhl, wartete auf Lion. Ich sah mir die Gäste in den Talk-Shows an, keiner dabei, den ich gern kennengelernt hätte. Nach einer Weile schaltete ich den Ton ab, behielt aber das Bild zur Gesellschaft. Ich goß meine Pflanzen, bis mir bewußt wurde, daß ich das erst gestern getan hatte, und sah zu, wie das Wasser kaskadenartig aus den Untersetzern auf den Holzboden lief, Tropfen gegen die Wand sprangen und Streifen auf dem weißen Anstrich hinterließen. Ich überlegte, die Pflanzen wegzugeben oder vielleicht woanders hinzuziehen, wo man sich keine hielt. Hier in der Gegend waren sie ein Muß. Fürs Aufwischen brauchte ich etwa acht Minuten, und ich zerbrach mir den Kopf, was ich sonst noch tun konnte. Ich hielt Ausschau nach einem Teller zum Kaputtschlagen.

Dummer, rücksichtsloser Junge. Sein Vater wäre jetzt hin und her gelaufen und hätte gedroht, ihn windelweich zu schlagen, wenn er hereinkommen sollte, und ich hätte versucht, ihn zu beruhigen und ins Bett zu bringen.

Um drei etwa, als ich gerade daran dachte, im Krankenhaus anzurufen, hörte ich, wie mein Auto langsam die Straße herauffuhr. Ich blickte aus dem Küchenfenster und sah, daß er in der Auffahrt hielt, minus rechtem Kotflügel.

Er kam leise herein, bleich um Mund und Augen. An seinem Hemd war Blut, aber er konnte normal gehen. Ich packte ihn an der Schulter, und er zuckte zusammen; ich bearbeitete ihn im Dunkel der Diele mit den Händen.

»Was ist los mit dir? Habe ich nicht genug am Hals? Weißt du, daß es drei Uhr morgens ist? Gab es etwa da, wo du gewesen bist, keine Telefon? War wohl zu lästig, zu Hause anzurufen, um mir zu sagen, daß du nicht irgendwo tot herumliegst? Rede ich verdammt noch mal bloß mit mir selbst?«

Ich schüttelte ihn hart, wollte, daß er mir eine freche Antwort gab, damit ich ihm ins Gesicht schlagen konnte, aber er weinte nur, wandte das Gesicht von mir ab. Ich zog ihn ins Licht der Küche und sah die purpurrote Prellung, die glänzende Schwellung der Haut über seiner rechten Augenbraue. In der Oberlippe hatte er einen Schnitt, so daß sie sich wölbte und verzog wie bei einer Hasenscharte.

»Was zum Teufel ist dir passiert?«

»Bin im Navigator in 'ne kleine Schlägerei geraten und hatte danach 'ne Art Unfall, nichts Ernstes. Ich hab bloß diesen kleinen Baum gestreift und mir den Kopf gestoßen.«

»Du bist ein Arschloch.«

»Weiß ich, Mama. Tut mir leid. Ich zahle dir das Geld fürs Auto zurück, damit deine Versicherung nicht hochgeht. Tut mir wirklich leid.«

Ich steckte die Hände in die Taschen und wartete darauf, daß mein Adrenalin sich normalisierte.

Ich lotste ihn ins Badezimmer und ließ ihn auf der Toilette

sitzen, während ich Eiswürfel holte und sie in ein Geschirrtuch hüllte; in dem Jahr damals war ich ständig dabei, Kompressen für Busters aufgeschürfte Knie, gesprungene Lippen oder ein blaues Auge zu machen. Lion saß da und hielt sich das Eis an die Stirn. Der Lippe war nicht zu helfen.

Ich war nicht mehr wütend, und ich sagte es. Er lächelte mit schiefem Mund und lehnte sich einen Augenblick lang an mich. Ich rückte ab und sagte ihm, er solle sich waschen.

»Wird gemacht, bin gleich draußen.«

»Laß dir Zeit.«

Ich setzte mich auf die Couch und dachte über sein Weggehen nach und ob Jeffrey die richtige Gesellschaft für ihn war oder nicht. Lion kam ohne das blutige Hemd aus dem Bad, das Geschirrtuch in der Hand. Er blieb mitten im Zimmer stehen, als wüßte er nicht, wohin er sich setzen sollte, und glitt dann langsam auf die Couch, das Geschirrtuch rasch von einer Hand zur anderen wechselnd.

»Schick mich nicht weg. Ich will nicht weg von dir und Oma und Buster. Ich kann diesen Sommer einfach nicht fort von zu Hause. Bitte, Mami, es wird nicht – was passiert ist, wird nicht noch mal passieren. Bitte, laß mich zu Hause bleiben.« Er schaute nur auf seine Hände und strich das Tuch über seinen Knien glatt, um es dann zusammenzuballen.

Wie konnte ich ihm das antun?

»Gut, reden wir heute nacht nicht mehr davon.«

Er legte den Kopf zurück auf die Couch, seufzend, und schob sich zu mir hin, so daß seine Wange auf meiner Schulter ruhte. Ich strich ihm über die heile Wange und setzte mich in den braunen Sessel.

Ich wollte mehr sagen, ihm erklären, wie es sein würde, aber dann dachte ich, ach was. Dann würde ich ihm sagen müssen, daß wir auf einen Trümmerhaufen blickten, und das würde er nicht wissen wollen.

Ich sagte gute Nacht und ging ins Schlafzimmer. Am nächsten Morgen war er immer noch auf der Couch.

Wir versuchten es einige Wochen, aber gegen Ende des Sommers wurde Lion so unleidlich, daß ich kaum mit ihm reden konnte. Ruth verhielt sich die ersten zwei Wochen relativ ruhig, doch dann schnauzte sie ihn an: »Wo sind deine Manieren geblieben, junger Mann? Nach allem, was sie für dich getan hat, ist das der Dank dafür? Und Julia, seit wann bist du so ein Leisetreter, daß du ihm nicht sagen kannst, er soll sich benehmen?« Lion und ich sahen auf unsere Teller, und Ruth starrte uns an, verwundert und böse. Ich kam an einem Freitag von der Arbeit nach Hause und fand eine Notiz auf dem Küchentisch: »Freunde haben angerufen wegen einem Hausanstrich-Job in Nantucket. Melde mich, bevor ich nach Paris fahre. Will das Studienjahr nach wie vor im Ausland machen, wenn das in Ordnung geht. L.« »Wenn das in Ordnung geht« hieß, er wollte, daß ich dafür zahlte, und das tat ich. Ich hätte weit mehr getan, wenn ich gewußt hätte, wie.

Es ist fast schon wieder Sommer. Buster und mir geht's ganz gut, und wir essen jeden Sonntag mit Ruth zu Abend, und meistens fahren wir sie Donnerstag abends zum Bingo und spielen selbst ein paar Runden. Ich sehe Lionel überall; in den geschickten Händen des Mannes, der die Bingokarten austeilt, in den schwarzolivenen Augen des Jungen, der neben mir auf der Bank sitzt, im stämmigen Rücken des Mannes, der mein neues Klavier bringt. Ich fange wieder an zu spielen, und ich bringe es Buster bei.

Die meisten Nächte finde ich mich, nachdem ich zu Bett gegangen bin, im Wohnzimmer wieder, oder ich stehe auf der Veranda in der kühlen Nachtluft. Ich sage mir, daß ich nicht warte, es ist bloß, daß ich noch nicht aufgewacht bin.

DREI GESCHICHTEN

Hyazinthen
Dein Anblick
Silbriges Wasser

Hyazinthen

Mein Vater war kein gedankenloser Mensch. Er hatte sich die Gewalt der Welt vergegenwärtigt und seine eigene, und manchmal schämte er sich, und manchmal hatte er Angst, aber gedankenlos war er nicht.

Er stand jeden Tag um vier Uhr auf, säuberte abends seine Geräte und stellte sie an ihren Platz zurück, und immer im Mai erschienen am Fuß der Vordertreppe zweiundzwanzig weiße Hyazinthen. Ich malte mir aus, wie meine Mutter die Hyazinthen gepflanzt hatte, wohl mit der gleichen Sorgfalt, doch mit weit mehr Freude, als mein Vater mir gegenüber je zeigte. Ich stellte sie mir anhand der beiden braunen Porträtfotos im Wohnzimmer vor: ausgeglichen und liebevoll, ohne den Hang zum Düsteren oder die Distanz meines Vaters. Warum eine Frau wie sie eine so unglückliche Seele wie meinen Vater geheiratet hatte, blieb mir ein Rätsel. Meine Tanten und Onkel, die sie gekannt hatten, waren so ehrlich, wie Leute aus jener Zeit und jener Gegend nur sein durften; sie sagten nicht, daß sie eine unscheinbare Xanthippe war (wie jeder außer mir an ihrem finsteren Blick auf den Bildern hätte erkennen müssen), sie erzählten mir aber auch keine Geschichten von ihrer Warmherzigkeit und ihrem Charme. Meine Tante Ida sagte, daß meine Mutter mich geliebt und ihr Bestes an mir getan habe, und für diese mir und meiner Mutter gegenüber erwiesene Freundlichkeit liebte ich meine Tante Ida mehr als die anderen Tanten, mehr sogar als Tante

Myrtle, die bärenförmige Kissen für mein Bett nähte, mehr sogar als Tante Ruth, die mir kandierte Veilchen schenkte nach dem obligatorischen Sonntagsessen, zu dem sie gelegentlich, wie es sich gehörte, den verwitweten Mann ihrer Schwester und mich, ihren kleinen Neffen, einlud.

Meine Eltern hatten beide je einen Bruder, mein Vater dazu noch zwei Schwestern, Ida und Myrtle, meine Mutter Ruth. Die aus ihrer Familie waren zierlich und dunkel, Juden, die 1922 nach Toronto gekommen waren und den Fehler gemacht hatten, weiter westwärts zu ziehen. Meine Mutter war die Lehrerin im Bezirk, eine alte Jungfer nach ortsüblichen Begriffen, dazu Jüdin, von denen es damals, glauben Sie mir, nur ganz wenige in Manitoba gab, aber sie schien gesund zu sein und war ledig, und mein presbyterianischer Vater war schon sechsunddreißig und plagte sich damit ab, seine Farm am Leben zu erhalten. Ich bilde mir heute ein, daß ich mich an den verwaisten Blick in seinem Auge erinnern kann, jenes aggressive Mißtrauen, das kaum die Verzweiflung verbirgt. Ich entdecke es bei vielen meiner Patienten, und ich nehme an, sie könnten es auch bei mir sehen, wenn sie denn so genau hinschauen wollten.

Tante Myrtle, die jüngere Schwester meines Vaters, lebte in Winkler, wenige Kilometer vom Haus meiner Eltern in Rosebank entfernt. Sie und Onkel William betrieben dort die Gemischtwarenhandlung und wohnten mit ihren beiden Jungen, Willie und Percy, im hinteren Teil. Unsere Küchengardinen stammten von ihr, ebenso die vollgestopften Bärenkissen. Ich habe keine wirkliche Erinnerung mehr an ihre Gesichter, bloß an den staubigen Zitronenduft der Kissen und an das Paar kurzer roter Hände, das auch nach Zitronenverbene roch. Mein Vater und sein Bruder Francis hatten sich als junge Männer entzweit, und offensichtlich hielten beide Schwestern zu meinem Vater. Tante Ida, fünfzehn Jahre älter als mein Vater, führte uns den Haushalt, und mein Vater behandelte sie so, wie er seinen alten Jagdhund behandelte:

gezwungen, freundlich zu sein nach all den Jahren bereitwilligen Dienstes; voller Groll, daß die eigenen Verhaltensregeln ihn zwangen, zu geben, was er nicht übrig hatte. Wir hatten beide Angst vor ihm, Ida und ich, und konnten, sie sechzig, ich sechs, unsere aufreizende Nutzlosigkeit nicht verbergen. Wir versteckten uns gemeinsam im Hühnerstall und trödelten bei den warmen Eiern herum und beim Ausstreuen von Maiskörnern, bis wir glaubten, die Stalltür zu hören, die heftig aufgestoßen und wieder zugeschlagen wurde, und sehen konnten, wie er zu den Feldern hinstrebte, das Zaumzeug in der einen Hand, die Feldflasche in der anderen.

Tante Ruth, die Schwester meiner Mutter, war nach Rosebank gekommen, um meiner Mutter Gesellschaft zu leisten (oder war selbst verzweifelt auf der Suche nach Geselligkeit, ich habe keine Ahnung), und hatte einen Schneider geheiratet, den einzigen anderen Juden in hundertfünfzig Kilometer Umkreis, worin ich mir ganz sicher bin. Da alle Frauen in Rosebank das Nähen selbst besorgten, besserte Onkel Morris Leder aus und Segeltuchtaschen, die den Farmern kaputtgingen. Sie lebten, so gut es ging, koscher, und eine meiner wenigen Erinnerungen an ihr Zuhause ist, daß ich zuschaute, wie er ein Huhn fürs Sabbatmahl tötete und ausbluten ließ. Als Sonntagsessen hatten wir den Braten, den mein Vater beisteuerte, und Schüsseln voller Kartoffeln.

Onkel Hi (für Hiram, von Hyman abgeändert) war der erfolgreiche Arztbruder meiner Mutter. Als ich sechs wurde, luden er und Tante Fritzi (für Frieda – die gesellschaftliche Stellung, die sie in Duluth innehielt, verlangte von ihr nicht, daß sie ihren Namen weiter anglisierte) sich zu Besuch ein, wie sie es in jedem der drei Jahre nach dem Tod meiner Mutter getan hatten.

Im Mai kam ein rosafarbener Umschlag, worauf nur mein Name in großen purpurnen Buchstaben über unserer Adresse in kleinerer Druckschrift prankte. Tante Fritzi wollte kein Risiko eingehen. Tante Ida hielt den Umschlag hoch, damit ich ihn bewundern konnte, und las den Brief vor, wobei sie jede Modulation im Ton, die Fritzi beabsichtigt hatte, ignorierte.

»Liebling David, Deine Tante Fritzi und Dein Onkel Hi (die Dir letztes Jahr das große blaue Lastauto geschenkt haben, erinnerst Du Dich?) würden Dich gern diesen Sommer besuchen. Wenn wir kommen, werden wir Deinen SECHSTEN Geburtstag feiern. Was für ein großer Junge! Wir möchten gern am 27. und 28. Juni kommen, wenn Onkel Hi von seiner Praxis fortkann. Bitte, frag Deinen Vater, ob das geht. Falls wir nichts Gegenteiliges hören, werden wir am 27. Juni dasein mit Deinem Geburtstagsgeschenk und vielen Geburtstagsbontjes.

Wir können's kaum erwarten, Dich zu sehen, Liebling. Laß Dich umarmen und küssen von uns.«

Unten stand in purpurner Schnörkelschrift Tante Fritzis Name mitsamt dem Aufdruck eines Lippenpaars in Fuchsienrot. Ja, ich erinnerte mich an ihr Geschenk, da ich nur das eine Lastauto und meine Bärenkissen zum Spielen besaß. Und obwohl ich keine Ahnung hatte, was »Geburtstagsbontjes« alles sein mochten, davon gab es jedenfalls viel. Ich sah auf die knospenden Bäume und hatte Sehnsucht nach dem Sommer. Ida steckte den Briefumschlag in ihre Schürzentasche und schaute mit mir auf die Bäume hinaus. Sie sagte: »Erzähl's ihm nach dem Abendessen, wenn er sich die Pfeife anzündet.« Seit Ida habe ich keinen Menschen erlebt, der so geradewegs anständig ist. Vielleicht sind Menschen wie sie allesamt in der Mitte dieses Jahrhunderts ausgestorben, um von den Cleveren, den Fixen und Ansprüche Stellenden ersetzt zu werden.

Mein Vater freute sich nicht darüber, daß Hi und Fritzi kamen, würde sich aber nicht erniedrigen, indem er nein sagte. Auch würde er sich nicht lächerlich machen, indem er Myrtle um den Gefallen bat, bei ihr telefonieren zu dürfen, nur um Besucher abzuwimmeln, Besucher, die unbestritten irgendwie

Familie waren. Das Haus würde von His Zigarrenrauch erfüllt sein und von Fritzis nach Geranien duftendem Gesichtspuder, jedes Essen eine Partie Tennis mit His und Fritzis langen Fragen, wie Lobs gespielt, und den einsilbigen Antworten meines Vaters, so dicht am Netz geschlagen, daß der Schlußlaut kaum entweichen konnte, bevor der Mund wieder geschlossen war.

Mein wirklicher Geburtstag kam und ging wie wahrscheinlich schon früher: ein Biskuitkuchen, von Tante Ida gebacken, und ein langer Gang mit meinem Vater zur Scheune. Er zeigte mir das neugeborene Kalb.

»Sohn, du bist jetzt sechs. Du gibst dem Kälbchen hier einen Namen und kümmerst dich darum. Was immer wir dafür kriegen, die Hälfte gehört dir.« Er legte mir die Hand auf den Nacken, und ich konnte aus dem Augenwinkel seine großen braunen Finger sehen. »Herzlichen Glückwunsch zum Geburtstag.«

Beim Kuchen, für den Ida die feinen, goldgeränderten Teller herausnahm, die mein Vater dann wieder zurückstellte, erkundigten sie sich nach meinem Namen für das Kälbchen, und ich sagte schließlich Blackie, um sie zufriedenzustellen. Ich glaube, sie waren überrascht, vielleicht ein bißchen enttäuscht; sie hatten mich als »phantasievoll« eingestuft, in Reaktion auf meine nächtlichen Alpträume und mein Vormichhinträumen bei Tag, und ich konnte bloß mit dem fadesten und vernünftigsten Namen aufwarten. Mir fehlte jegliches Interesse für das Kalb, dem grüner Grasschleim aus dem Maul tröpfelte und Dung am schwarzrötlichen Hinterteil klebte, genau in meiner Augenhöhe. Ich hatte alle neun Scheunenkatzen geliebt und benannt, die mein Vater abwechselnd ignorierte oder verdammte, und ich hatte mit Ida ein Komplott geschmiedet, zumindest ein Dutzend der Kätzchen vor seinem Zugriff zu retten.

Sie kamen. Tante Fritzi stieg aus einem großen blauen Roadmaster, in der Hand einen Papiersack mit glänzendrotem Griff von Warner's, dem besten Warenhaus in Duluth. Ich registrierte das herrliche Auto, das Lächeln und die angenehmen Düfte meiner Tante und meines Onkels, und der Rest der Welt verblaßte, als Tante Fritzi meinem Vater zum Trotz damit begann, mir Geschenk auf Geschenk zu überreichen. Ich hüpfte wild von einem Fuß auf den anderen, überwältigt von Gier.

Ich weiß nicht, was die Erwachsenen taten, während ich meine Geschenke öffnete. Fünf Schachteln, all eingepackt, alle schön verschnürt. Ich erinnere mich, wie Ida und Fritzi zuschauten, mich anlächelten und auch einander, erinnere mich, daß Hi und mein Vater im Hintergrund Laute von sich gaben, ein auffallend ähnliches Dröhnen, obgleich His Stimme sich hob und senkte und die Stimme meines Vaters flach wie der Kiefernfußboden war. Gegen Ende des Essens, Ida servierte einen Braten, obwohl doch nur Samstag war, verkündete mein Vater, er habe für den frühen Sonntagnachmittag Ruth und Morris und Myrtle und William samt den Jungens zu Besuch eingeladen.

»Das ist schön von dir, Walter. Wirklich schön.« Tante Fritzi, die ohne Bosheit oder Sensibilität war, legte die Hand auf die meines Vaters, und Ida und ich beobachteten sein Bemühen, seine fortzuziehen, ohne Fritzis Berührung zugeben zu müssen. Onkel Hi bot meinem Vater eine Zigarre an, Ida verschwand zum Spülen, und die Männer setzten sich auf die Veranda, Zigarre und Pfeife schmauchend, während Tante Fritzi mir bis zur Schlafenszeit zeigte, wie man Mikado spielt.

Fritzi und Ida bereiteten sich auf die Gesellschaft vor, als fände sie im eigenen Haus statt und als wären mein Vater und mein Onkel die ersten früh eintreffenden Gäste. Ich wurde von oben bis unten geschrubbt und in marineblaue Shorts und ein marineblau-weißes Hemd gesteckt. Fritzi hatte mir auch eine weiße Matrosenmütze gekauft, aber ich sträubte mich, und Hi stärkte mir den Rücken. Fritzi und Ida kamen herunter, beide umweht von Fritzis Parfum, und auf Idas Brust und

Nacken zeigten sich rote Flecken vor Aufregung, Verlegenheit oder sogar unterdrückter Wut, was weiß ich. Sie lächelten, und Hi sagte etwas zu Ida, worauf sie noch mehr lächelte und sich die Hand auf den Mund legte. Fritzi rückte His Krawatte zurecht und tätschelte ihm beide Wangen. Niemand berührte meinen Vater oder kommentierte seinen Aufzug, und ich kann mich nicht erinnern, was er anhatte. Ich hörte das Rattern von Onkel Mos Auto (Frauen hatten keine Autos) und stellte mich zum Beobachten auf die Veranda. Auch die Erwachsenen kamen raus, und Fritzi winkte, während der Rest von uns nur einfach so dastand, voller Freude über die Neuankömmlinge. Hi umarmte seine Schwester und seinen Schwager, und Fritzi ließ ihren Umarmungen Küßchen und inniges An-sich-Drücken folgen. Tante Ruth und Onkel Mo, die inzwischen einige Jahre in Branden wohnten, nickten meinem Vater und Ida zu und gingen zum Auto zurück, um Pakete zu holen. Ruth hatte zwei Kuchen mitgebracht und eine Pfefferminzstange für mich. Wir hatten uns gerade hingesetzt, da fuhren Tante Myrtle und Onkel William mit dem kleinen Willie vor, der größer als ich war, und Percy, der noch ein Baby war und in seinen Windeln im Haus herumwatscheln durfte, das Gesicht voller Toastkrumen.

Die Frauen begannen ernsthaft mit Jen Essensvorbereitungen, und ich erinnere mich noch an Fritzis gelb gefaltetes Kleid, das oberhalb und unterhalb der von Ida geborgten Mehlsackschürze raschelte. Ich stand mit Willie und Percy auf der Veranda; die Erwachsenen würden nicht mit uns sprechen oder sich um uns kümmern, bis es Essenszeit war, und so gingen wir zur Scheune. Ich wußte, daß Willie von dem Kalb beeindruckt sein würde, da er keine Scheune hatte und keine Tiere, auch wenn er Zugang zu Zerkleinerungsmaschinen, rotglühendem Metall und vollen Kaugummipäckchen hatte. Percy trottete hinter uns drein, vor Aufregung und Anstrengung stöhnte er ein wenig.

Willie gefiel das Kalb bedeutend besser als mir, und er

kraulte es hinter den Ohren und lachte, als der dreckige Schwanz an seinem Gesicht vorbeiwischte.

»Das ist mein Geburtstagsgeschenk«, sagte ich, und der Wert des Kalbs stieg von Minute zu Minute.

»Mann«, sagte er, und Percy setzte sich auf einen Heuballen und wiederholte das Wort in einem zu.

»Gucken wir uns mal die Sachen hier an«, sagte Willie, sich darauf besinnend, daß er der älteste Cousin war. Er fuhr mit den Händen über die Gerätschaften meines Vaters, griff nach einer Baumschere und tat so, als schnitte er mir damit das Haar.

»Du darfst die Sachen nicht anfassen«, sagte ich.

»Niemand da.« Während er vorgab, mich nicht mal anzusehen, griff er nach einem Pferdegeschirr und stülpte es sich über Kopf und Schultern.

Wir spielten eine Weile Cowboy, wobei wir abwechselnd peitschenschwingender Reiter oder wilder Hengst waren, und nachdem wir die Sache mit dem Geschirr satt hatten, hängte Willie es zurück, was ich beruhigend fand. In der hintersten Ecke der Scheune stand ein alter Küchenschrank, in dem mein Vater seine Flinten aufbewahrte. Willie öffnete ihn, und wir starrten alle auf die Gewehre, die so anders waren als die übrigen Gerätschaften in der Scheune. Sie glänzten, lange, polierte Rüssel und glänzende Schäfte.

Willie nahm eins in die Hand, und ich sagte ihm, er solle es zurückstellen, und als der Gewehrkolben auf mich zukam und wir auf dem Dreck und dem Heu ausglitschten, sprengte es mir die Ohren, und Willies Brust stürzte nach hinten weg, entsetzlich dunkel. Ich konnte nichts hören, nicht einmal Percys Geschrei, obwohl ich ihn sehen konnte und tief in seinen weitoffenen Mund blickte; ich konnte, während er schrie, seine Mandeln sehen. Willie lag auf dem Boden, und ich legte mich neben ihn. Ich konnte wieder hören, als die Männer hereingerannt kamen, zuerst mein Vater, gefolgt von meinen Onkeln in feinen Straßenschuhen. Ich tat so, als wäre auch ich tot, wie ich es bald zu sein glaubte. Mein Vater hob mich mit der einen Hand hoch und begann mich mit der anderen zu schlagen. William muß seinen toten Sohn in den Arm genommen haben, er berührte mich nicht ein einziges Mal. Sobald die Tanten erschienen, hörte man von neuem Schreie, und während Hi und Fritzi den Arm meines Vaters festhielten, packte Ida mich und rannte mit mir ins Haus, ihre Brüste lagen dabei auf meinem Gesicht. Ich sah, daß Myrtle Percy mit ihrer Schürze die Augen zuhielt, als sie ihn zum Auto trug. Ich habe keinen von ihnen je wiedergesehen, und ich erinnere mich an den Rücken ihres Kleides mit den sich kreuzenden Musselin-Schürzenbändern und an Percys baumelnde, nackte, fette Beine.

Ich erinnere mich an sonst nichts bis spät am Abend. Ich lag im Pyjama im Bett und fühlte mich ganz wohl; jemand, Ida oder Fritzi oder beide, hatten sich um mich gekümmert. Mein Vater kam mit einer Kerze in mein Zimmer und setzte sich auf den Eckstuhl, die Türe blieb offen.

Ich hütete mich davor, mich zu verteidigen.

Entschuldigungen und Behauptungen, man habe mich drangsaliert, machten nur, daß er mich härter schlug; er konnte Feiglinge nicht ausstehen. Ich war einfach zu überrascht, daß er da in meinem Zimmer saß, um Schlafen vorzutäuschen.

»Nun, David«, sagte er und balancierte ein Gewehr auf den Knien. »Menschen dürfen so nicht leben, Sohn. Nicht, wenn ihre Hände unrein sind. Unsere Hände sind nicht rein, oder? Antworte mir.«

»Nein, Sir. Unsere Hände sind nicht rein.« Ich versuchte, mir meine Hände im Dunkeln vorzustellen. Ich dachte, wahrscheinlich sind sie ziemlich rein, denn wer immer mir den Pyjama angezogen hat, hat mich wahrscheinlich reichlich geschrubbt.

»Guter Junge.« Er hob die Stimme und schaute durchs Visier hinunter. »›So dich aber deine rechte Hand ärgert, so haue sie ab.‹ Es wird gleich vorbei sein. Vorbei!« schrie er, als ich mir die Decke über den Kopf zog. Ich hörte Onkel Hi durch das Bettzeug.

»Ist ja gut, Walter. Ist ja gut.«

»Raus mit dir, Hiram. Raus zum Teufel.«

Fritzi stürzte herein und riß mich aus dem Bett, wobei sie die Decken mitnahm. Sie trug mich die Treppe hinunter, und wir saßen unten und hörten einem Streit zu, an dessen Einzelheiten ich mich nicht erinnere. Onkel Hi kam herunter und legte mir die Hand auf den Kopf. Ida küßte mich und weinte, als sie mich auf den Rücksitz des Autos packten, und ich war überrascht von ihren Tränen.

»Sei ein lieber Junge«, sagte sie. »Mach nicht viel Umstände, denk nicht über Vergangenes nach. Sei ein lieber, lieber Junge.«

Mein Vater stand vor dem Haus, und seine Pfeife gab ein kleines Licht. Vielleicht dachte er, ich sei eingeschlafen, oder sie waren übereingekommen, daß es besser war, mich einfach schnell verschwinden zu lassen; vielleicht hätte er, wäre er näher gekommen, es auch wieder versucht.

Sie müssen geradewegs durchgefahren sein, denn ich wachte in einem gelben Schlafzimmer auf, das voller bunter Hutschachteln und häuslicher Verschönerungen aller Art war. Da ich kaum je soviel Schmuck und Dekoration gesehen hatte, war ich verwirrt von den Vorhängen, Rosen und Rüschen, von der Tagesdecke aus Baumwollsatin mit meterweise weiteren Rüschen und einer glatten Nylonoberfläche, wie mir noch keine begegnet war. Fritzi brachte mir geröstetes Weißbrot ohne Kruste und dazu Kakao. Ich tat mein Möglichstes, um zu zeigen, daß ich bester Stimmung war, ein lieber, lieber Junge und überhaupt nicht schwierig, und daß man sich darauf verlassen konnte, daß ich nie über Vergangenes nachdenken würde.

Die Tage waren Einkaufsorgien, die ich etwas langweilig fand und körperlich beunruhigend; ich war selten berührt worden, und mich entnervte das Getätschel und das Ausforschen, das freundliche Zwicken dieser hochhackigen Damen und pomadisierten Herren. Aber jede Einkaufstour für einen Anzug oder ein Paar netter Tennisschuhe war gekoppelt an einen Abstecher zum Getränkestand, zum Spielzeugladen oder sogar zu Warner's, wo wir blaue Lastwagen-Vorhänge, eine Tagesdecke aus blauem Kord und einen Bettvorleger in Form eines Feuerwehrautos kauften. Meinen Cousin Willie getötet zu haben, hatte zur Folge, daß ich in Saus und Braus mit Eltern lebte, die weit liebevoller und angenehmer waren als diejenigen, die mir ursprünglich zugeteilt worden waren.

Manchmal zerbrach ich nachts ein Spielzeug und preßte mich regelrecht auf die scharfkantigen Stücke oder legte mich oben auf meine Decke, bis mir Hände und Füße vor Kälte starr wurden. Ich hatte Angst, daß mein Vater recht gehabt hatte und daß der liebende Impuls, der ihn dazu getrieben hatte, Vorkehrungen zu treffen, damit Fritzi und Hi mich erretteten (so verstand ich jetzt unsere Flucht nach Duluth), in Wirklichkeit ein willensschwaches Ausweichen vor dem Unvermeidlichen war. Früher oder später würde mir jemand die Brust wegsprengen, und vielleicht war es besser, es hinter sich zu bringen, als nachts wachzuliegen und auf Willie zu warten.

Meine Schlafenszeit, und damit mein Alptraum, wurde regelmäßig von Wortwechseln zwischen Tante und Onkel hinausgeschoben.

»Er ist Jude, Fritzi. Er muß beschnitten werden. Nur in jener elenden antisemitischen Einöde wurde ein jüdischer Junge nicht beschnitten.«

»Dann wurde er's halt nicht, wen kümmert's? Laß ihn *nicht* Jude sein. Laß ihn David Dunmore sein, unseren presbyterianischen Neffen.«

»Wie kannst ausgerechnet du dich deswegen schämen?«

»Schämen? Ich schäme mich nicht, ich bin Realistin. Was braucht er Jude zu sein? Als Jude kann er Chef der Kardiologie werden, niemals jedoch Leiter des Krankenhauses. Was für eine Wahl. Warum ihn nicht das Leben eines Goi führen lassen?«

»Weil er Jude ist«, sagte Hi sanft, aber unnachgiebig.

Nachdem das so eine Woche gegangen war, wußte ich, daß meine Tante Fritzi wegen schrecklicher Dinge, die ihr drüben in Europa zugestoßen waren, als sie klein war, keine Kinder kriegen konnte und daß sie mich mehr liebte als ihr Leben. Ich fand heraus, daß Onkel Hi sehr verärgert war, weil er mit einigen der anderen Ärzte nicht golfen konnte, es sei denn, sie luden ihn ein, daß er aber dennoch stolz darauf war, Jude zu sein, und daß ich ihn als sein Adoptivsohn David Silverstein noch stolzer machen würde.

Fritzi fing immer wieder damit an, entschlossen, mir das Leben eines Juden und den Eingriff zu ersparen, den sie in blutrünstigen, lebhaften Bildern beschrieb. Sie kämpften, mehr gequält als wütend, den ganzen Sommer hindurch. Mitten im August, als die Nächte vertraut kühl wurden, erhielt ich einen Brief von meinem Vater. Er lag an meinem Platz auf dem Frühstückstisch, geöffnet, doch unkommentiert, als wäre er aus dem Postbotensack direkt neben meinen Teller gesegelt.

»Lieber David, sei ein lieber Junge und sei dankbar. Du kannst jetzt nach Hause kommen. Wenn sie Dich nicht bringen können, werde ich Dich holen. Dein Vater, Walter Dunmore.«

»Ich möchte Jude sein«, sagte ich, noch bevor ich den Brief hingelegt hatte. Ich dachte zärtlich und kurz an Ida, an ihre schweren Arme, die sich mir entgegenstreckten, und ich dachte an meine Katzen. Ich dachte, Tante Fritzi könnte mir ein Kätzchen besorgen, und ich entschied mich.

»Was auch immer da abgeschnitten werden muß, ich möchte Jude sein. Ich möchte Arzt wie Onkel Hi werden.«

Hi wollte es unbedingt richtig machen. Er zog den Rabbi hinzu, damit er mir alles erklärte, er erzählte mir Geschichten von König David und von Moses, und er versicherte mir, wie tapfer ich sei. Wahrscheinlich wäre ich weniger tapfer gewesen, wenn ich begriffen hätte, was mit mir geschehen würde. Ich malte mir aus, daß man mir eine Art symbolisches Zeichen auf den Penis machen würde, das nur ein paar Tage weh tat. Ich war bereit.

Zwei Ärzte, der Rabbi, der mich Dah-viid nannte, und ein vollbesetztes *Minyan* aus Freunden und Kollegen meines Onkels erwarteten mich im Operationszimmer. Sie standen über mir, ihre großen Hände zerrten an den grünen Masken, die straff über ihre Nasen gezogen waren, und strichen den grünen Stoff unter den schwarzrandigen Brillen glatt. Im grellen Lichtschein blieben mir ihre Augen verborgen. Nur ihre grünen Gesichter und ihre einheitlich sauberen Hände tauchten auf, jeder Finger scharf abgehoben im weißen Licht. Ich hörte die freundliche Stimme von Dr. Riskind, der in der Woche zuvor bei uns gegessen und mir sein goldenes Zigarrenband geschenkt hatte. Ich hörte seine Stimme leise hinter mir murmeln, und dann schnallte er mir beide Arme fest, während jemand anderes meine Beine übernahm. Ich fühlte, wie ich pinkelte, unaufhörlich, ohne Nässe. Sie legten mir eine harte Plastikmaske aufs Gesicht und sagten, ich solle einatmen und von zehn an rückwärts zählen. Ich atmete bittere, trockene Luft ein, bis mir die Brust schmerzte und der Kopf langsam vom Körper weggezogen wurde und beide himmelweit voneinander entfernt waren. Ich wachte schreiend vor Schmerz auf und ließ es dann sein. Ich bin erlöst, dachte ich, während mir Tränen das Gesicht herunterliefen und Blut meinen Schoß dunkel färbte.

Roses Barbiepuppe purzelte mir zwischen die Beine, die spitzen Füßchen zuerst, ich reichte sie Rose zurück, wobei ich ihrem Blick im Rückspiegel des Autos begegnete. Sie kicherte.

»Paß auf«, warnte meine Frau sie. »Noch so ein Wurf, und du bist sie los.«

Ich hatte die Pläne für unseren üblichen Augusturlaub

schon im März gemacht, aber Ende Mai schlug ich eine kurze Reise nach Kanada vor. Ich wollte, daß meine Kinder Rosebank sahen; ich selbst wollte es wiedersehen, doch nur mit ihnen. Meine Frau schüttelte den Kopf, was ich als amüsierte Ungläubigkeit deutete, und sagte, sie sei damit einverstanden, wenn mir an dieser Reise wirklich so viel liege.

»Denkst du nie daran, nach Kansas zurückzugehen?«

Galen lächelt nicht oft, darüber aber lächelte sie. »Nie.«

»Nicht mal für eine Stippvisite?«

»Nicht für dreißig Sekunden.«

Unsere Mädchen waren sechs und acht und reisten gern, solange sie lesen, malen und die Landschaft um sich herum ignorieren konnten. Der Rücksitz glich einer kleinen, aber modernen Bibliothek, und da wir nicht zum Strand oder in ein schickes Hotel fuhren, interessierten sich Rose und Violet nicht für unser Reiseziel. Auch wenn Galen es niemals sagte, ich weiß, daß sie genauso erstaunt war wie ich, daß wir so unerwartet reizende Kinder hatten, feenhaft, sanft, offensichtlich glücklich.

Sie schliefen mühelos auf dem Rücksitz, Roses Kopf auf Violets nackten Beinen, ihr weißblondes Haar schwang vor ihrem leeren, träumenden Gesicht hin und her und strich über Violets Schenkel. Galen saß neben mir und schwieg, wie gewöhnlich. Ich bin selbst ein ruhiger Mensch und verwechsele Schweigen nicht mit Gelassenheit oder Gutsein. Ich sage nicht, was ich fühle, und das wird oft für Schüchternheit gehalten, ja sogar für Güte. Ich legte die Hand auf Galens Hand und drückte sie leicht. Sie schaute mich nicht an, entzog mir ihre Hand aber auch nicht. Meine erste Frau, warmherzig und tüchtig, hätte den Automobilclub angerufen, um einen genauen Plan für unsere Ferien erstellen zu lassen, hätte bequeme Motels organisiert und Abstecher von historischem Interesse. Außer für Musik und die Kinder interessierte Galen sich nur für wenig, und nichts, soweit ich das beurteilen konnte, jagte ihr Angst ein. Am Abreisetag packte sie eine kleine Reisetasche für sich, eine größere für die Mädchen, setzte sich mit einer Illustrierten auf den Kotflügel und wartete darauf, selbst zu fahren oder gefahren zu werden.

Die Mädchen wachten plötzlich auf, und Rose behauptete, Violet habe ihr einen Tritt in den Mund gegeben, worauf sie zu Recht in den anstößigen Fuß gebissen habe. Violet kreischte, und Galen schloß die Augen.

»Könntest du dich bitte um die Mädchen kümmern?«

Sie machte die Augen nicht auf. »Es geht ihnen gut, David.«

Es ging ihnen nicht gut, sie begannen hysterisch zu werden, aber ich wußte, das würde Galen nicht dazu bewegen einzugreifen.

»Hört auf«, sagte ich und runzelte väterlich die Stirn, während Rose und Violet mich im Spiegel beobachteten und einander zwickten, still und grimmig. Ich hielt an und sah auf die Karte, zu müde, um weiterzufahren; ich wollte nicht nachts in Rosebank ankommen.

»Gleich sind wir in Kanada. Gretna, Schoenwiese, Rosengart, Haskett, Blumenfeld, Osterwick, Hochfeld, Schanzenfeld, Winkler, und dann geht's rauf nach Rosebank. In Rosebank ist Daddy geboren.«

»Ich hab gedacht, du bist in Duluth geboren, wo Opa Hi und Nana gewohnt haben«, sagte Rose.

Violet lachte vor sich hin, als sie die Namen wiederholte.

»Ganz schöne Liste«, sagte Galen.

Schanzenfeld, Winkler, Rosebank. Ich konnte Dünger, Silofutter und Fels Naptha riechen, das einzige Reinigungsmittel, das Tante Ida je gebraucht hat; sie meißelte dicke Stücke von der weißen Seifenstange ab und rieb sie in die Hemdkragen von meinem Vater. Ich fuhr ins erste Motel, das wir zu Gesicht bekamen, ein richtiges Motel, wie die aus meiner Northland-Jugendzeit, neun schäbige Blockhütten in Hufeisenform um einen Fahrweg mit gefurchtem Kies gruppiert, im Zentrum ein ovales Wasserbecken. Die Mädchen leerten ihre Rucksäcke aus, um nach dem Badeanzug zu suchen, und hinterließen die vertraute Spur von dreckigen weißen Socken, zusammengerollten Schlüpfern und muffig feuchten Jeans. Galen zog ihren Badeanzug heraus, ohne die anderen Lagen durcheinanderzubringen, und ließ mich allein im Zimmer zurück, wo ich die schwarzen Nachtfalter beobachten konnte, die sich am Oberlicht sammelten.

Als ich nach draußen trat, war das Becken dunkelviolett geworden und die einfallende Nacht so dicht, daß sie den Zaun und die Liegen verbarg. Ich konnte die Mädchen besser hören als sehen, da das Abendlicht größtenteils von zwei Insekten-Boxen stammte, die mit kurzen Kobaltstößen Moskitos töteten.

Violet kreischte gerade: »Nein, nein!«, kicherte dann und schluckte Wasser, und ich konnte Roses gespielt mütterliche Beruhigungsworte hören, ihr flatterndes Lachen und das Herumplatschen von beiden. Ich näherte mich dem Zaun und tastete nach dem Eingang, wobei ich nur schartenweise Köpfe und Hände im Wasser erspähte.

Ich hörte eine von ihnen »Daddy« schreien und war geschmeichelt, daß man mich zuerst rief, dann erschreckt.

»Daddy, ich kann Vi nicht finden«, schrie Rose.

»Wo ist sie denn?« Ich konnte nicht mal Rose sehen.

»Von dir aus am anderen Ende«, kam es mit ungewöhnlicher Klarheit von ihr.

Ohne Schuhe, ohne Brille tauchte ich ins dunkle Wasser und suchte nach meiner Tochter, wobei mir durch den Kopf schoß: zu spät, zu spät, und ich streckte die Arme vor mir aus, drängte das Wasser beiseite. Ich wollte eben hochkommen und Luft schnappen, als mir Violets Hand ins Gesicht schlug, und ich zog uns beide hoch, den einen Arm um ihre sich windende Taille. Dann hörte sie plötzlich auf, gegen mich zu arbeiten, und machte sich lang, um mich vor ihren hektischen unwillkürlichen Stößen zu schützen. Wir setzten uns auf den harten Beton, Rose stand über uns gebeugt, während Violet sich erbrach und ihr Wasser aus Mund, Nase und Augen floß. Sie saß auf meinem Schoß, kalt, naß und kompakt unter drei Handtüchern, und ich schaukelte sie hin und her, sagte ihr, daß alles gut sei, Daddy sei da, und wir würden morgen heimfahren. Ich hörte Galens Schritte auf dem Kies und war wütend, daß sie nicht als erste am Becken gewesen war, und auch dankbar und erfreut, daß sie mir zusah.

Ich hielt Violet eng an mich gedrückt und wischte ihr die Nase mit dem Handtuchzipfel, genoß das Gefühl, daß Roses Arme um meinen Hals geschlungen waren und Galens Hand leicht auf meinem Rücken ruhte. Ich schaute hoch in den Nachthimmel, so klar wie der Himmel über Rosebank, an den ich mich erinnerte, und ich konnte Willie sehen, wie so oft. Lebendig und ohne Brust, er lehnt sich gegen einen Ballen Heu, eine schmuddlige Pummelhand liegt auf der Gewehrmündung. Er lächelt, ohne Ungeduld. Ich bin verschont geblieben, ein kleines Tier in der Macht eines gewalttätigen, aber unaufmerksamen Jungen. Glück gehabt diesmal.

Dein Anblick

Es herrschten sechsunddreißig Grad, und ich brachte meine Kleinen zum Schwimmen in den Klub. Alle waren sie da, inbegriffen Henry, mein Liebhaber, seine Frau Marie und ihre beiden Jungen, deren Namen ich immer vergesse. David, mein Mann, war zu Hause geblieben, um den Rasen zu mähen und die *Times* zu lesen. Henry und ich sahen einander nicht allzuoft in den zwei Jahren, während deren wir ein Liebespaar waren. Dabei wäre es möglich gewesen, glaube ich. Ich bin Musikerin; ich hätte ein bißchen weniger üben können. Henry hatte eine Baufirma; er war sein eigener Chef. Unsere gemeinsame Zeit war von etwas Größerem abgehobelt und in so dünne Späne zerraspelt worden, daß man sie selbst bei genauem Hinschauen nicht erkennen konnte. In den zwei Wintern damals sah ich gewöhnlich bei Tagesanbruch aus dem Fenster und beobachtete, wie seine Arbeiter die Zufahrtswege räumten. Sie waren wie Engel im Schnee, ihre kleinen weißen und gelben Lichter drehten sich sanft im Schneesturm, direkt in mein Schlafzimmer.

Ich war gerade dabei, Henry vom Klubhausdeck zuzuschauen, wie er seinem Jüngsten das Schwimmen beibrachte, indem seine großen Arme Rinnen ins Wasser baggerten und Raum schufen, in den sich die kleineren Arme hineinschieben konnten. Ich trug eine große Sonnenbrille, so konnte ich ihm zuschauen. Einzig und allein das wollte ich; ich wollte Henry zuschauen, in einem fort. Ich bin in den Plains aufgewachsen und wußte nicht, wie sehr ich mich nach dem Meer sehnte, bis mein Fuß die erste Welle berührte. Und ich kannte die wortlose, ins Auge springende Kraft von Schönheit nicht, bis ich Henry sah.

Marie kam an meiner Liege vorbei, wobei sie betont in die andere Richtung starrte, und ich versuchte, ihr das schlechte Benehmen nicht anzukreiden und auch ihr verkniffenes rotes Gesicht nicht. Der Kummer machte sie häßlich, und ich weiß, daß sie nicht immer häßlich war.

Ich lehnte mich zurück und überlegte, ob mir Zeit blieb, mit Henry zu sprechen, solange sich Marie weiß Gott wohin begeben hatte. Ich nahm es an, und so sprang ich vom Rand des Beckens ins Wasser und tauchte direkt neben ihn. Unter dem Geplatsche seines kleinen Jungen legte er mir die Hand auf die Taille und hielt Ausschau nach Marie, die, was uns betraf, einen sechsten Sinn zu haben schien. Sie befürchtete, daß wir eine Affäre hatten, und klagte immer, in Andeutungen, über meine Anwesenheit. Sie sah nie etwas zwischen uns. Ich hätte ihn an jenem Tag auf den Mund küssen können, vor all den Nachbarn, und alles wäre anders gelaufen.

Er stand dicht neben mir und lächelte. Wir konnten beide hinunterschauen auf seine Erektion, selbst im kalten Wasser. Marie kam im Eilschritt von der Snackbar herüber, eine Tüte Pommes frites in der einen Hand, den Tennisschläger in der anderen.

»Hank, wir haben einen Platz. Trockne dich ab, ich hol dir deine Tennisschuhe.« Im Klub galt sie als ernstzunehmende Spielerin. Sie blieb stehen und sah auf uns hinunter, die Hände in den Hüften. Sie rührte sich erst, als Henry Kurs auf die Beckenwand nahm. Dann lächelte sie mich an und ging Richtung Tennisplatz.

Ich folgte ihm im Wasser bis zur Wand und beobachtete, wie die Tröpfchen seinen Rücken hinunterperlten. Ich ahnte nicht, daß ich im Begriff war, etwas zu sagen. »Henry, ich glaube, das klappt so nicht. Was ist mit unserer gemeinsamen

Zukunft?« Wir waren beide überrascht. »Wenn du wirklich noch willst, daß ich ihn verlasse, dann tu ich es.«

Ich schwamm durchs Becken zurück und ging zu meiner Liege. Henry stand noch immer im Wasser und sah benommen aus. Mit einer kraftvoll geschmeidigen Bewegung, wie ein großer, dunkler Delphin, glitt er auf den Beckenrand, ganz Muskeln und Sehnen, die Knochen verborgen. Er warf mir einen Blick zu und eilte dann zum Tennisplatz, das Hemd klebte ihm auf dem breiten feuchten Rücken. Ich legte das Kinn auf das Redwoodgeländer des Decks und schaute ihnen beim Tennisspielen zu.

Ich fühlte mich immer stark mit Henry, stark und dankbar. An dem Tag damals fühlte ich mich wie der Allmächtige, der ein Häuflein Winzlinge in der großen Hand hält. Eigentlich hätte ich nur Henry halten wollen, aber irgendwie waren noch weitere sechs an Bord geklettert. David hatte mir das einzige Zuhause gegeben, das ich je gehabt habe, doch wie die kleine Seejungfrau im Märchen war ich bereit, mein wahres Ich mitten entzweizuschneiden und unter Qualen und mit Hexenkunst umherzuwandeln, bloß um mit Henry zu tanzen, so geblendet war ich von all dem ungewohnten Licht.

Ich dachte an die Mädchen und hoffte, daß es ihnen damit gutgehen würde. Wir drei bildeten ein Team, was sich ja nicht ändern mußte. David war ein guter Vater, besser als die meisten, die ich erlebt habe; er spielte Scrabble mit ihnen, besuchte ihre Konzerte, holte sie von der Schwimmgruppe ab, wenn ich auf Tournee war, schmuste tagtäglich mit ihnen und wußte, wie man ihr Haar zu Zöpfen flocht. Ich dachte mir, Henry konnte da einspringen, so gut wie er mit seinen Jungen umging, und nichts würde David von Rose und Violet fernhalten. Die Mädchen waren für mich immer wie meine Arme, ich brauchte keinerlei Hilfe, um sie aufzuziehen oder zu betreuen. Als Rose klein war, schlief sie, während ich übte, wachte aber auf, sobald ich mit Staubsaugen anfing. Darauf ließ ich das Staubsaugen. Und Violet, meine Jüngste, half den Platzanweisern in meinen Konzerten, wobei sie zwar über ihre Sandalen und ihren lavendelfarbenen Organdyrock stolperte, aber genau wußte, wo sich jeder Platz im Saal befand. Ich nahm die beiden fast überallhin mit; wir alle liebten Musik, neue Orte und Hotelzimmer. David blieb gewöhnlich daheim; er ist Psychiater und läßt seine Patienten nie gern lang allein.

Ich hatte keine Ahnung, was passieren würde, wenn Henry mit dem Tennisspielen fertig war. Wir mußten telefonieren und die Einzelheiten besprechen. Die Mädchen würden einen Monat lang in eine Musikfreizeit gehen, und ich konnte inzwischen ausziehen, falls David das Haus wollte. Oder vielleicht zog auch er aus. Das Haus bedeutete mir nicht viel, solange ich mein Klavier hatte und ein Schlafzimmer für die Mädchen. Ich muß mich dazu zwingen, in einem Bett zu schlafen, selbst jetzt noch.

Als ich nach Hause kam, setzte ich mich ans Klavier und blickte auf die Tasten, wartete darauf, daß sich Schuldgefühle oder Panik einstellten, die mich zur Umkehr bewegen würden.

Henry liebte mich auf die Art, wie angeblich Indianer die Natur lieben; ich war allgegenwärtig für ihn, in der Luft, im Licht, die ihm durch Haut und Poren drangen. Es machte mir ein wenig angst, wie sehr er mich liebte, denn er gab mir alles, was er hatte. Er kniete sich vor mich hin, ein großer Mann, legte mir die Arme um die Taille, als wollte er mich zerbrechen, und sagte: »Es gibt nichts, was ich nicht für dich tun würde.« Und ich ließ die Hände in seinem schwarz gelockten Haar ruhen.

»Nichts«, wiederholte er.

Und ich sagte: »Ich weiß«, und er war ganz entspannt und legte mich aufs Bett.

Nichts in meinem Leben glich diesem Strom von Liebe, in den ich eintauchen, den ich verlassen und wieder aufsuchen konnte und immer noch fließend vorfand, unberührt von meinem Kommen und Gehen. Und wenn wir uns liebten, war es das gleiche. Er strömte über mich hin und in mich hinein, brauchte mein Lächeln, meinen Aufschrei, meine Bewegung nicht. Ich lag da wie das Flußbett.

Ich wurde mit sechzehn zur Waise gemacht, von zwei Einsamen, denen das Blut in den Adern geronnen war, die gehofft hatten, sich ohne allzu großen Skandal scheiden zu lassen, sobald ich mit der High School fertig war. Statt dessen prallte ihr Auto gegen einen Baum. Ich wurde von einem Verwandtenkomitee in ein Internat geschickt und kam nach Hause, um Mrs. Wallace zu besuchen (die mein Vater zu heiraten gehofft hatte) und Dr. Davidson (den meine Mutter auf Abruf bereitstehen hatte). Bis ich achtzehn wurde, war ich ihr Erinnerungstribut an vereitelte Liebe und schlechte Planung. Ich entwischte nach Juilliard und antwortete nicht auf ihre Briefe. Eine Waise zu sein störte mich nicht im geringsten.

Dort lernte ich David kennen. Er beendete gerade seine Assistenzzeit in der Psychiatrie, und ich war eines seiner Versuchskaninchen. Ich war neunzehn, er war neunundzwanzig. Meiner Tutorin an der Musikschule war aufgefallen, daß ich nie in Ferien fuhr, nie Familienbesuch bekam, nie Schwierigkeiten hatte, für meinen Unterricht zu zahlen. Ich resümierte für sie die Höhepunkte meiner Lebensgeschichte, und sie wandte das Gesicht ab und schlug vor, daß ich in der Washington Square Clinic »mit jemandem redete«. Ich dachte, es hätte etwas mit meinem Klavierspielen zu tun, und ging darum hin.

Es war im April, und das große Wartezimmer war noch frostig. Die Stühle waren aus grauem Plastik. Als ich einen heranzog und die Füße darauf legte, bemerkte ich, wie zwei Männer im hinteren Teil des Zimmers zu sprechen anfingen. Ich habe ein gutes Gehör und lauschte.

»Ich nehme sie«, sagte der große Rundliche.

»Nein«, sagte der andere, David. »Du bist in dieser Woche schon voll, und außerdem würdest du dann mit deiner Gegenübertragung nicht fertig werden.«

»Meiner Gegenübertragung? Also bitte. In Ordnung, du nimmst sie. Nimm sie.«

Ich lächelte, als David mich in seine Sprechzelle einlud.

»Sie haben ein schönes Lächeln«, sagte er und runzelte dann die Stirn.

»Danke. Warum runzeln Sie die Stirn?«

»Tu ich nicht... Ich bin Dr. Silverstein, und Sie sind... Galen Nichols?«

»Ja.«

»Hm.« Er wölbte die Fingerspitzen zum Bogen, wie man es ihm wohl in praktischer Psychiatrie beigebracht hatte. »Was kann ich für Sie tun?«

»Das weiß ich nicht«, sagte ich, sonst nichts.

Wir hatten drei Sitzungen dieser Art, und am Ende der dritten stand ich auf und gab ihm die Hand.

»Vielen Dank für Ihre Zeit«, sagte ich. Ich mochte ihn, er verhielt sich genau wie ich.

Zwei Wochen später rief er an und erkundigte sich, wie es mir gehe. Ein paar Wochen danach lud er mich zum Kaffee ein. Ich kam, und wir saßen zwei Stunden lang im Big Apple Coffee Shoppe, und er erzählte mir, daß er verheiratet sei, jedoch ständig an mich denken müsse. Ich dankte ihm für den Kaffee, ging nach Hause und hörte mir die Aufzeichnungen von meinen letzten Aufführungen an.

Nach zwei weiteren Verabredungen zum Kaffee lud er mich zum Abendessen ein.

»Ich kann zur Zeit keine Essenspausen machen, wir sind mitten in den Proben. Aber wenn Sie etwas für sich haben und zuhören wollen, können Sie gern kommen.«

David saß hinten im Zuhörersaal bis ein Uhr morgens, dann brachte er mich nach Hause.

»Sie spielen herrlich. Kann ich bitte mit hereinkommen?«

»Natürlich.«

Inzwischen hatte ich herausgefunden, daß er mir eigentlich gar nicht ähnelte, aber er war sanft und gutmütig, nicht so wie die Cowboys daheim. Er berührte mich, als wäre ich aus Glas und Goldstaub. Gegen drei Uhr morgens sprang er aus dem Bett und schlüpfte in die Jeans, murmelte, wie leid es ihm tue. Ich war zu müde, um ihn zur Tür zu bringen, warf ihm nur eine Kußhand zu und sagte, er könne sich den Zweitschlüssel nehmen.

»Ich ruf dich an«, sagte er.

»Schön.«

Als er aber anrief, konnte ich ihn nicht treffen, denn ich hatte für den Rest des Sommers ein Stipendium in Paris. Ich gab ihm die Adresse meiner Pension und sagte, bis dann, mach's gut. Drei Wochen später wisperte Madame Laverre, ein Besucher warte im Hof auf mich. Und da stand David, unrasiert, in den zitternden Händen einen Riesenblumenstrauß. Ich freute mich, ihn zu sehen.

Er sagte, daß er seine Frau um die Trennung gebeten habe und sie habe zugestimmt. Ich wollte nicht darüber reden. Wir trieben ein paar Gläser für die Blumen auf und spazierten am Fluß entlang. Er mietete sich ein Zimmer am anderen Ende des Flurs und blieb zehn Tage. Ich übte tagsüber oder hatte Kurse, und er besuchte Museen und las. Abends saßen wir im Café und liebten uns anschließend in seinem Zimmer. Ich schlief in meinem Zimmer. Wir hatten eine schöne Zeit, und als er fortmußte, versprach ich, ihn im September anzurufen.

Ich erinnere mich, wie er damals lächelte. »Du hast mich noch nie angerufen.«

»Ich werd's tun.«

»Gut, bis dahin habe ich meine eigene Wohnung, und ich lasse die neue Nummer gleich bei der Vermittlung registrieren, damit du sie bekommst.« Er schwang meine Hand vor und zurück. »Nach Paris zu kommen war das Beste, was ich tun konnte. Du weißt, ich liebe dich.«

»Ich bin froh, daß du gekommen bist«, sagte ich. »Verpaß dein Flugzeug nicht.« Und er strich mir übers Haar und weinte minutenlang, bevor er ging.

Als ich zurück war, rief ich ihn tatsächlich an, und wir verbrachten die Abende meist zusammen. Ein Jahr lang bat er mich, ihn zu heiraten, und ich überhörte es geflissentlich. Ich glaubte nämlich, ich wäre mit fünfundzwanzig längst tot; ich konnte mir nicht vorstellen zu heiraten. Eines Morgens hämmerte David mit den Fäusten auf meinen Küchentisch und sagte: »Du bringst mich um. Alles, was ich möchte, ist, dich zu lieben, und du duldest es nicht.«

Ich zog mich an und ließ ihn in der Kutsche sitzen.

Ich kaufte eine weiße Seidenbluse, die zu meinen weißen Jeans paßte, und rief ihn von Macy's aus an, er solle mich treffen, um einen Bluttest zu machen. Zehn Jahre später hatten wir zwei Mädchen, ruhig wie ich, aber freundlich. David ist ein guter Mensch, und ich wußte, in dem Augenblick, wo ich ihn verließ, würden sich die Frauen in Sechserreihen mit ihrer Kasserolle anstellen.

Ich ging in die Küche, in Gedanken noch bei der netten Normalfrau, die David als nächste heiraten würde, und beobachtete, wie er eine Platte mit Huhn zum Grill trug, dazu noch die Zange, eine Gabel und eine Flasche Barbecue-Soße balancierte. Er hatte die Mädchen weggeschickt, damit sie ihre nassen Sachen auszogen, und während ich roten Pfeffer und entstielte Erdbeeren kleinschnitt, hielt ich den Kopf gesenkt und fragte mich, ob es nicht besser wäre, ihm ein paar Zeilen zu schreiben. Er sah mich herumtrödeln, und nachdem er sich die Hände sorgfältig gewaschen und abgetrocknet hatte, ließ er sie sekundenlang auf meinen Schultern liegen. Dann ging er ins Wohnzimmer und legte Vivaldi auf, während ich den Tisch deckte.

Nach dem Essen durften die Mädchen in der Gegend herumradeln, und wir wuschen gemeinsam das Geschirr ab. David machte sich an einen Artikel, und ich setzte mich ins Schlafzimmer in den Schaukelstuhl aus gebogenem Rohr, den wir gekauft hatten, als ich mit Rose schwanger war. Ich wartete aufs Telefonklingeln.

»Hi, hier ist Hank DiMartino.« Wir waren immer sehr vorsichtig für den Fall, daß ein Ehepartner gleichzeitig den Hörer abnahm.

»Hi. David ist in seinem Arbeitszimmer.« Das Arbeitszimmer hatte kein Telefon, damit er nicht gestört werden konnte. »Wie ist das Tennisspiel gelaufen?«

»Nicht schlecht, bedenkt man, daß ich nicht ganz bei mir war. Du hast wunderschön ausgesehen heute, und du hast mich so glücklich gemacht. Du hast es doch ernst gemeint? Du trennst dich von ihm?«

»Ja.«

»Ich kann es nicht glauben, daß ich für den Rest meines Lebens jeden Morgen aufwachen werde und dein Gesicht auf dem Kissen neben mir sehe. Ich möchte dich so bald wie möglich heiraten.«

Ich war dabei, welke Blätter von einem kleinen Feigenbaum in unserem Schlafzimmer abzuknipsen. »Ich bin dein, bis die Sterne vom Himmel fallen, Henry. Ich mach mir keine Gedanken übers Heiraten.« Ich hatte auch Bedenken, im selben Bett mit ihm zu schlafen. David war daran gewöhnt, daß ich irgendwann nachts auf den Fußboden krabbelte.

»Ich möchte, daß wir einander angehören.«

»Das ergibt doch keinen Sinn. Du hast Marie angehört und bist bereit, dich von ihr scheiden zu lassen. Ich habe David angehört und er davor Nina. Die ganze Idee ist wirklich dumm.«

»Gae, Liebling, ich möchte mit dir zusammensein, und ich möchte es für immer.«

»Ich möchte auch mit dir zusammensein, Henry.« Und das war die Wahrheit.

David kam ins Schlafzimmer. Er artikulierte stumm: »Für mich?«, und ich schüttelte den Kopf. Er stand in der Mitte des Schlafzimmers und blickte mich an, bevor er in sein Arbeitszimmer zurückging.

»Ich muß aufhören. David schleicht herum. Ich komme morgen zur Baustelle. Columbine Lane, stimmt's?«

»Stimmt. Das ist großartig. Du, ich liebe dich.«

»Ich weiß. Bis morgen.«

David kam etwas früher als gewöhnlich ins Bett, und er legte mir die Hand auf die Brust. Nach einer Weile schob er die Hand auf meinen Schenkel, sein Zeichen, und ich spreizte die Beine, um ihn eindringen zu lassen. Es war nicht so schön, wie zu Vivaldi zu kochen, aber dennoch ganz gut. Ich wurde auf dem Fußboden wach. David hatte eine Bettdecke über mich gebreitet und mir seinen Pullover unter den Kopf gelegt.

Ich zog den Pullover an und übte etwa drei Stunden lang, nachdem die Mädchen zum Spielen nach draußen verschwunden waren und David in die Stadt, um Patienten zu sehen. Das waren meine Lieblingszeiten, und ich wollte sie genießen. Ich übte einige Vortragsstücke, mit denen ich mich schwertat, und spielte am Ende etwas Jazziges. Meine Finger wurden mit den Jahren steifer. Ich duschte und machte mich auf zur Verabredung mit Henry; ich trug ein formloses blaues Hemdblusenkleid, das er haßte. Ich fuhr zur Columbine Lane, wo er ein Haus baute.

Sein Bautrupp war da und hatte gerade Kaffeepause. Die meisten seiner Arbeiter kannten mich oder mein Auto vom Sehen. Henry und ich rechneten damit, daß sich die Leute im allgemeinen, vor allem Männer, nicht gern in anderer Leute Angelegenheiten einmischten. Ich kam und ging ganz ungeniert, offen. Gewöhnlich hielt ich direkt neben seinem Wohnwagen und wartete im Auto. Henry erschien nach wenigen Minuten und hockte sich ans Fenster, um mit mir über unsere gemeinsamen Pläne zu reden, bemüht, die seinen den meinen anzupassen. Hin und wieder, wenn wir tagsüber etwas Zeit hatten, gingen wir in ein Hotel. Ich wäre in ein Motel gegangen oder auch in den Park, aber Henry meinte, wir hätten Besseres verdient. Ich fand nicht, daß es viel damit zu tun hatte, was wir verdienten.

Er sah mich sofort und sprang von der noch nicht ganz fertigen Veranda herunter. Ich konnte sehen, wie er zu mir herlief; ich bekam nie genug von seinem Anblick, sein rechtes Bein war von einer alten Baseballverletzung etwas steif im Knie, doch seine Muskeln vibrierten unter der Kleidung. Ich wünschte mir, daß diese Leichtigkeit, diese vollkommene Unbewußtheit, mich verwandeln könnte, so daß ich mich nie wieder mitten im Verkehr finden würde, wie gelähmt angesichts des Risikos und der Kompliziertheit des nächsten Schritts.

Einmal, im Sommer davor, hatte ich ihn vom Klubhausdeck beobachtet, wie er seine Runden im Schwimmbecken drehte. Er fühlte meinen Blick auf sich, stieg aus dem Wasser, das Gesicht mir zugewandt, und kam die Treppe zum Deck hoch, wobei das Wasser die ganze Strecke über von ihm tropfte. Niemand sonst war in der Nähe.

»Ich bring's nicht fertig, nicht zu dir zu kommen«, sagte er. »Mir bleibt einfach keine Wahl.« Und er hob mir die Haare in kleinen Büscheln hoch und drückte sie an sein nasses Gesicht, wie Blumen. Nach Rose und Violet liebte ich diese Art von Liebe am meisten.

Es war nicht sein Michhabenwollen, was mich so mitriß. Das war angenehm, aber nicht so selten in meinem Leben. Männer sehen etwas in mir oder etwas, das mir fehlt, und das mögen sie. Es war, daß er nicht gegen das Gefühl ankämpfte: oft wollen Männer einen haben und werden dann wütend, daß sie einen haben wollen, egal, ob sie einen kriegen oder nicht. Er war nie verärgert über mich oder enttäuscht, machte mir auch nie Vorwürfe wegen etwas, das ich nicht tun konnte. Und mehr als das, er war so schön, und diese Schönheit gehörte mir.

Als er zum Auto kam, stieß ich die Tür auf, und er kniete sich vor mich hin. Ich legte ihm die Hand auf den Arm und brach damit unsere Spielregeln für die Öffentlichkeit, die jetzt bedeutungslos schienen. Er lächelte auf meine Hand herab, ein heiteres, helles Lächeln, dem nichts ähnelte, was ich je im Spiegel gesehen hatte.

»Bereit, den Sprung zu wagen?« fragte er.

»Ich bin bereit, es David zu sagen, sobald die Mädchen im Campinglager sind. Ich kann dann ausziehen, oder er zieht aus, und mit uns kann's losgehen.«

»Losgehen? Galen, wir sind doch schon viel weiter. Dich heiraten möchte ich, verstehst du, und ich möchte, daß wir versuchen, das Sorgerecht für die Jungen zu bekommen.«

Verdammt, dachte ich. Erstens, Marie erfüllt ihren Job mit den Jungen perfekt, die brauchen keine Rettungsaktion, und zweitens konnte ich mich schon sehen, wie ich die nächsten fünf Jahre meines Lebens mühsam damit verbrachte, den Ältesten für mich zu gewinnen. Sah, wie ich Hot dogs und Burgers machte, wo ich doch meine Mädchen dazu erzogen habe, Französisch zu essen, Thailändisch, Indisch und was man ihnen sonst noch vorsetzen mochte; wie ich den Bademantel anziehen mußte, wenn ich mich duschen wollte; jedes Wochenende zu irgendeinem Tennismatch rausmußte; über GoBots stolperte und über Teile von GI Joe.

»Henry, warten wir's ab. Geben wir uns eine Chance, uns zu amüsieren, einfach zusammenzusein und zu sehen, wie's läuft.«

Er sah mit einem Mal finster aus, seine Augenbrauen waren heruntergezogen. Ich wußte nicht, was ich sonst noch sagen sollte.

»Mir bleibt nicht viel anderes übrig, oder? Wenn du nicht haben willst, was ich dir geben möchte, kann ich dich nicht dazu zwingen. Aber ich werde dich immer wieder fragen, und irgendwann einmal sagst du ja. Das ist uns nun mal so bestimmt, Liebling.« Er lächelte wieder; er glaubte alles, was er sagte.

Ich werde den Teufel tun, dachte ich. Ich war natürlich gerührt, aber ich konnte die gleiche Frage nicht wieder und wieder beantworten. Und ich glaube nicht, daß für uns irgend etwas geschrieben steht, und wenn, dann bestimmt nichts Gutes. Ich schlief auf dem Fußboden, ich hatte das Gefühl für die

Zeit verloren, und Liebe und Tod waren mir immer ziemlich gleich erschienen. David mußte jemand Verrückten heiraten; Henry hatte mich mit jemand *Interessantem* verwechselt.

Er legte seine große Hand auf meine, und ich beobachtete, wie sich ein Wölkchen aus Gipsstaub auf uns senkte.

»Ich muß gehen. Ich rede morgen mit dir.« Ich schlug die Autotür zu und fuhr davon, dabei sah ich ihn im Rückspiegel immer kleiner werden.

Meine Arme und Beine waren kalt, als ich durch den Wald nach Hause fuhr, und ich dachte darüber nach, was mich dort erwartete. Ich fuhr an den Straßenrand und stellte mir Henry und seine Jungen vor und seine Kleinen mit meinen Kleinen und Marie, die übers Geld meckerte, und Henry, der in seiner Studiowohnung mit nicht zueinander passenden Tellern saß und auf mich wartete, um seiner Scheidung Wert und Sinn zu verleihen, einen gewissen Anstand. Auf mich wartete, die ihm sein Leben schön machen sollte. Und wenn ich mich schließlich dazu aufraffte zu gehen, würde er mir dabei zusehen und zu verstehen geben, daß es sich eigentlich gehörte, bei ihm zu bleiben, und daß ich ihm schrecklich weh tat.

Ich kam zehn vor zwölf nach Hause und rief David zwischen zwei Sitzungen an. Er nahm beim ersten Klingeln ab.

»Hier Dr. Silverstein.«

»Hier Ms. Nichols.«

Er schien überrascht, und er lachte. Ich rief ihn nicht oft an, da er selbst zwischen seinen Sitzungen ein- oder zweimal am Tag zuhause anrief. Am Anfang unserer Ehe hatte ich das gehaßt, und schließlich ließ er es, aber in dem Jahr damals hatte er wieder damit angefangen, und ich sagte nichts dazu. Er hatte recht, besorgt zu sein.

»Ich könnte Mrs. Stevenson wegen der Mädchen anrufen, wir könnten Chinesisch essen gehen, nur wir zwei«, sagte ich.

»Ja, das wäre schön. Nett wäre das.«

Ich hatte nicht mehr erwartet. »Gut. Bis später dann.«

»Ja. Ich freue mich, daß du angerufen hast.«

»Bis später dann.«

»Ich liebe dich«, sagte er.

»Ich weiß. Bis bald.«

Ich übte noch eine Stunde, und als die Mädchen heimkamen, spielten wir abwechselnd eine Weile Duette, und dann mußte ich mich hinlegen. Ich schlief etwa eine Stunde, und als David mich weckte, versuchte ich mich aufzurappeln und machte den Mädchen Gemüse mit Fleisch im Wok und Bratklöße.

Unser eigenes Essen war recht nett, auf weißschimmernden Platten dunkle, pfeffrige Speisen, dazu ein kühles Bier und genügend Platz, um mich nach hinten gegen die kühlen Vinyl-Sitze zu lehnen. David beugte sich ständig vor, um mir Stirn und Handgelenke zu berühren, wo meine Adern groß und blau sind.

»Wie schaffst du es, so cool zu bleiben?« fragte er. Es war ein alter Scherz zwischen uns.

»Kein Herz«, sagte ich.

Er lächelte, und ich dachte, ich kann das nicht noch einmal tun. Ich lächelte zurück.

Am nächsten Tag fuhr ich in die Stadt, um Henry zu sehen, und die Männer winkten mir zu. Ich stieg aus dem Auto, ging zu Henry und küßte ihn auf den Mund und auf beide Backen und dann jeweils an den Rand seiner so vollkommenen Augen. Er lächelte nicht.

»Du wirst ihn also nicht verlassen? Du willst mir sagen, daß du es nicht über dich bringst, und ich will es einfach nicht hören. Bitte, Galen, bitte, mein Schatz. Sag's nicht.«

»Ich sage nicht, ich kann's nicht. Das wäre zu einfach. Ich muß sagen, daß ich mich entschlossen habe, es nicht zu tun. Entschuldige bitte.«

Er musterte mich einen Augenblick lang von oben bis unten und legte dann sein warmes Gesicht an meinen Hals. Ich konnte fühlen, wie sich jeder Knochen seines Gesichts in mich hineinpreßte, aber ich blieb standhaft.

»Ich hab ein Geschäftsangebot bekommen, ein recht gutes sogar. Ich könnte runter nach North Carolina gehen, ich könnte wieder mit meinem Vater ins Geschäft kommen. Soll ich es annehmen?«

»Willst du es denn?« Ich konnte ihn gehen sehen, locker ausschreitend auf einer Seitenstraße, und die Sonne schien auf ihn, wo immer er auch war.

»Nein, verflucht noch mal, ich will nicht. Ich will hierbleiben und dich heiraten und ein Kind mit dir haben, das allein will ich. Das wünsche ich mir seit zwei Jahren, und wenn ich das nicht haben kann, dann weiß ich überhaupt nicht, was ich mir wünschen soll.«

»Ich weiß nicht, was du tun sollst. Möchte Marie denn wegziehen?«

»Natürlich. Ich habe ihr das von dem Angebot noch gar nicht erzählt. Du kennst doch Marie, die hat alles gepackt, noch bevor die Tinte auf dem Vertrag trocken ist. Mich von dir loszueisen wird sie sehr glücklich machen.«

Wir lächelten; Marie war lange schon, bevor überhaupt etwas zwischen uns lief, mißtrauisch gewesen, und das hatte unsere Schuldgefühle ein wenig gemildert.

»Ich weiß.« Und ich dachte darüber nach, wie er in meiner Nähe war und mich anschaute, als hätte er einen Splitter im Herzen, und wie Marie mich ebenso anschaute, nur ohne Liebe.

»Nimm das Angebot an«, sagte ich. »Zieh weg.«

»Okay«, sagte er wie zur Drohung.

»Okay«, sagte ich und küßte ihn, ganz schnell nur, und schloß die Augen, bis er davonging.

Silbriges Wasser

Die Stimme meiner Schwester war wie Gebirgswasser in einem Silberkrug, dessen klare blaue Schönheit dich erfrischt und über die Hitze erhebt, über deinen Körper hinaus. Als wir aus *La Traviata* kamen, sie vierzehn und ich zwölf, stieß sie mich auf dem Parkplatz mit dem Ellbogen an und sagte: »Hör dir das an.« Sie machte den Mund unnatürlich weit auf, und ihre Stimme ertönte so kristallklar und hell, daß die abziehenden Opernbesucher alle wie erstarrt bei ihren Autos stehenblieben, unfähig, ihre Schlüssel hervorzuholen oder die Türen zu öffnen, bis sie aufgehört hatte, und dann klatschten sie wie verrückt.

Daran erinnere ich mich gern, und es ist die Geschichte, die ich all ihren Therapeuten erzählt habe. Ich wollte, daß sie meine Schwester kennenlernten und wußten, daß die Person, die sie da vor sich sahen, nicht schon alles war, was es zu sehen gab. Daß es vor ihrem Dauergeklimper von Werbespots und Fast-food-Jingles Puccini, Mozart und Kirchenlieder gegeben hatte, so rein und mächtig, daß man meinte, Jesus müsse gleich vom Kreuz herabsteigen, um ihr zu applaudieren. Daß sie vor diesem Thorax-Fettberg in Trainingshosen und Umstandsblusen aus Nylon, der die Korridore entlangwatschelte, das hübscheste Mädchen in der Arrandale-Grundschule gewesen war, dann die Schöne von der Landmark Junior High. Vielleicht gab es da auch noch andere hübsche Mädchen, aber ich habe sie nicht gesehen. Für mich war Rose, meine schöne blonde Verteidigerin, meine Ratgeberin in Tampaxfragen und was die Stimmungen meiner Mutter anging, einfach vollkommen.

Ihren ersten psychotischen Ausbruch hatte sie mit fünfzehn. Sie war längere Zeit niedergeschlagen und den Tränen nahe nach Hause gekommen, dann ruhig strahlend, dann überhaupt nicht mehr. Sie ging in den Wald hinter unserem Haus und kam erst heim, wenn meine Mutter sie bei Einbruch der Dunkelheit holen ging, behutsam trat sie zwischen Domgebüsch und Jungholz und zog sie heraus. Das Gesicht meiner Schwester war ausdruckslos, der hellblaue Pullover übersät mit zerdrückten Blättern, die weißen Jeans verschmutzt. Nach drei solchen Wochen sagte meine Mutter, die Musikerin ist und allgemein als exzentrisch gilt, zu meinem Vater, der Psychiater ist und ein freundlicher, trauriger Mensch: »Sie dreht durch.«

»Was ist das, deine fachmännische Meinung?« Er nahm sich die Zeitung und legte sie seufzend wieder hin. »Entschuldigung, ich wollte dich nicht anfahren. Ich weiß, etwas macht ihr zu schaffen. Hast du mit ihr gesprochen?«

»Was gibt's da zu reden? Sie wird verrückt, David. Sie braucht kein Herz-zu-Herz-Gespräch mit Mami, sie braucht eine Klinik.«

Es ging hin und her, danach saß mein Vater einige Stunden mit Rose zusammen, sie hockte da und leckte sich die Haare auf ihrem Vorderarm, erst in die eine Richtung, dann in die andere. Meine Mutter stand bleich und mit trockenen Augen auf dem Flur und beobachtete die beiden. Sie hatte schon gepackt, und als drei von Vaters Freunden hereinschauten, um unentgeltlich Rat und Empfehlungen zu geben, saß meine Mutter bereits mit Roses Koffer im Auto. Meine Mutter umarmte mich und sagte, sie würden am Abend wieder zurück sein, aber ohne Rose. Und da sie meine schlimmste Befürchtung spürte, fügte sie hinzu: »Dir wird das nicht passieren, Liebling. Einige werden verrückt, andere nie. Du sicher nie.« Sie lächelte und strich mir übers Haar. »Nicht mal, wenn du's vorhast.«

Die nächsten zehn Jahre hielt sich Rose in Kliniken auf, in großen und kleinen. Sie hatte jede Menge furchtbare Therapeuten und ein paar gute. In einer Klinik gab es keine Bilder an den Wänden, keine Fenster, und die Patienten trugen Pantoffeln mit dem Klinikwappen drauf. Meine Mutter ging erst gar nicht zur Aufnahme. Sie drehte Rose herum, und die beiden marschierten hinaus, mein Vater, hinter ihnen, entschuldigte sich bei seinen Kollegen. Meine Mutter ignorierte die Psychiater, die Sozialarbeiter und Krankenschwestern und spielte für die Patienten Händel und Bessie Smith auf allem, was zur Verfügung stand. In manchen Kliniken hatte sie einen Steinway, von dankbaren oder optimistischen Familien gestiftet; in anderen hämmerte sie »Gimme a Pigfoot and a Bottle of Beer« auf einem lädierten Kasten, den man nicht mehr gestimmt hatte, seit englischsprachige Ärzte durch die Anstalt stapften. Mein Vater redete ernst und in achtungsvollem Ton zu den Verwaltungsbeamten und Abteilungsleitern, bemüht, zu jedem freundlich zu sein, der mit Roses Fall zu tun hatte. Wirklich alle haßten wir die Familientherapeuten.

Der schlimmste Familientherapeut, den wir je hatten, saß in einem blaßgrünen Raum mit uns, wobei er ganz ungeniert die ätherische Schönheit meiner Mutter, ihr verblichenes blaues T-Shirt samt den Jeans in Mädchengröße abschätzte, den zerknitterten Anzug meines Vaters mit der fleckigen Krawatte und meine eigene undeutbare Modeaussage, die einer Siebzehnjährigen. Rose war damals bereits jenseits aller Moden in ihrem Kittel mit den tanzenden Teddybären drauf und der extraweiten Celtics-Trainingshose. Mr. Walker las uns Roses Krankenakte vor und registrierte dann konsterniert, wie Rose zu summen begann, wunderschön, und dabei langsam ihre Brüste massierte. Meine Mutter und ich lachten, und selbst mein Vater verzog das Gesicht zu einem Lächeln. Das war Roses übliche Eröffnungssalve für neue Therapeuten.

Mr. Walker sagte: »Ich frage mich, warum hier alle durch Roses unangebrachtes Benehmen so belustigt sind.«

Rose rülpste, und wir lachten. Dies war der siebte Familientherapeut, den wir aufsuchten, und keiner war es lange geblieben. Leider war Mr. Walker fest entschlossen, es bei uns richtig zu machen.

»Was hältst du von Roses Benehmen, Violet?« So was taten sie manchmal. In ihrem Handbuch muß stehen: Wenn Sie den Eindruck haben, die Eltern sind allzu verdreht, beginnen Sie ein Gespräch mit der Schwester.

»Ich weiß nicht. Vielleicht will sie Sie daran hindern, in der dritten Person über sie zu sprechen.«

»Nett ausgedrückt«, sagte meine Mutter.

»Stimmt«, sagte mein Vater.

»Saugut«, sagte Rose.

»Nun, das ist doch etwas, worin sich die ganze Familie einig ist«, sagte Mr. Walker in dem Versuch, so zu reagieren, als verstünde er uns, ja als möge er uns.

»Das war kein erfolgreicher Vorstoß, Frettchengesicht.« Bei Rose lief es besser, wenn sie wütend war. Er sah tatsächlich wie ein blondes Frettchen aus, und wir lachten wieder alle. Selbst mein Vater, der sich aus einem Gefühl von Kollegialität mühte, diesen Leuten eine Chance zu geben, hatte es aufgegeben.

Nach vierzehn Minuten entschied Hr. Walker, daß unsere Zeit um war, er ging hinaus und ließ uns, die wir uns angrinsten, einfach zurück; Rose war zwar immer noch verrückt, aber wir hatten unseren Spaß gehabt.

Der Tag, an dem wir unseren besten Familientherapeuten kennenlernten, fing fast genauso schlimm an. Wir verschreckten erst die Anstaltstherapeutin und dann ihren Supervisor, der uns Dr. Thorne schickte. An die drei Zentner Texas-Chili, Maisbrot und Lone-Star-Bier, und das Ganze abgerundet von großen schwarzen Cowboy-Stiefeln und einem schmalen Schnurschlips dort, wo sein Hals war.

»Mensch, supertoller Tag, der Große Spinner.« Rose war im siebten Himmel und hörte sofort auf, ihre Brüste zu massieren.

»He, Kleiner Spinner.« Man muß sich vorstellen, wie groß ein Mann sein mußte, um meine Schwester »klein« zu nennen. Er gab uns allen sofort Namen. »Und da haben wir den guten Onkel-Doktor-Spinner und Madame Spindel, aus verflucht hartem Holz, und das da drüben im Overall und nicht viel sonst ist der Ich-gehör-keinem-Spinner« – ein Name, der meine geistige Gesundheit und meine Einsamkeit auf einen Nenner brachte. Wir entspannten uns.

Dr. Thorne war gut für uns. Rose zog in eine offene Anstalt, deren Leiterin den Großen Spinner so verehrte, daß sie Rose selbst dann noch behielt, als sie eine Phase durchmachte, wo sie es mit jedem trieb, der an ihrer Tür vorbeikam. Sie war eine Zeitlang in fieberhafter Erregung und versuchte, die Stimmen zum Verstummen zu bringen, indem sie ihr Hirn wegfickte.

Der Große Spinner sagte: »Schätzchen, ich kann nicht. Ich kann nicht mit jeder schönen Frau, die ich kennenlerne, schlafen, ich kann das nicht tun und gleichzeitig dein Therapeut sein. Es ist jammerschade, aber ich glaube, du könntest einen wirklich netten Typ finden, einen, der dich genauso lieb und freundlich behandelt, wie ich es tun würde, wenn ich das Glück hätte, dein Allerliebster zu sein. Ich will nicht, daß du dich mit weniger zufriedengibst.« Und sie hörte auf, den Drogenabhängigen, den Alkoholikern und den Typen vom Obdachlosenasyl Angebote zu machen. Wir liebten Dr. Thorne.

Mein Vater ging wieder dazu über, reiche Neurotiker zu verarzten, und half einen Tag in der Woche in Dr. Thornes ambulanter Klinik aus. Meine Mutter beendete die Studioaufnahme einiger Mozartkonzerte und spielte bei Spendenaktionen für Roses offene Anstalt. Ich ging aufs College zurück, und fürs Bett fand ich einen wunderbaren Linebacker aus Texas. Im Dunkeln brachte ich ihn dazu, mich »Schätzchen« zu nennen. Rose nahm ihre Medikamente, verlor etwa fünfzig Pfund und begann, in der African Methodist Episcopal Zion Church zu singen, ein Stück die Straße entlang von der offenen Anstalt.

Zuerst wußten sie nicht, was sie mit dieser großen blonden Lady anfangen sollten, die so komisch angezogen war und während der Proben sehnsüchtig im Eingang herumlungerte, aber dann sang sie ihnen ein paar Takte von »Precious Lord« vor, und der Chorleiter spürte die Hand Gottes und sah schon im Geiste, wie es der Prospect-Street-Chor dank Seines süßen Kindes Rose bis zur Gospel-Olympiade brachte.

Mitten in einem Meer von beigen, dunkelbraunen, zimt- und espressofarbenen Gesichtern standen da Rose und Addie, größer, blonder und rosiger, als es je zwei weiße Frauen sein konnten. Und Rose und Addie Robicheaux, die Altistin im Chor, breiteten ihre Gold-und-Silber-Stimmen aus und verwoben sie zu Strähnen fein wie Seide, stark wie Stahl. Und wir weinten, als sich Rose und Addie in ihren wallenden granatroten Gewändern gemeinsam wiegten, die Hände gefaltet, bis der letzte vollkommene Ton zu Gott emporgeschwebt war, und dann lächelten sie auf uns herab.

Rose verschwand immer noch von Zeit zu Zeit, und die Stimmen befahlen ihr, Böses zu tun, aber Dr. Thorne, Addie oder meine Mutter konnten sie gewöhnlich zurückbringen. Nach fünf guten Jahren starb der Große Spinner. Er stopfte gerade einen Chili-Hotdog in sich hinein, als er Mitte Juli in seinem Büro ohne Klimaanlage saß, einen texasgroßen Aneurysma-Durchbruch erlitt und starb.

Rose hielt eisern sieben Tage durch; sie nahm ihre Medikamente, ging zur Chorprobe und ordnete an die hundertmal ihr Zimmer um. Seine Beerdigung war wie das Lourdes für Geisteskranke. Ob Psychotiker, Borderliner, schwerer Neurotiker oder einfach jemand, mit dem sich nur mühevoll auskommen ließ, man war dort. Manche zitterten nach jahrelanger Medikamenteneinnahme so schlimm, daß sie aus den Kirchenbänken fielen. Andere hielten sich an der Hand, weinten, stöhnten, redeten mit sich. Die Verrückten und die nicht ganz so Verrückten kuschelten sich aneinander, wie Welpen im Hundezwinger.

Rose hörte auf, ihre Medikamente zu nehmen, und die offene Anstalt weigerte sich, sie weiter zu behalten, nachdem sie einen anderen Patienten die Treppe hinuntergestoßen hatte. Mein Vater rief die Versicherungsgesellschaft an und mußte erfahren, daß Roses neue, verbesserte Psychiatrie-Versicherung erst in fünfundvierzig Tagen einsetzte. Ich steckte ihren ganzen Kram in einen Müllsack, und wir verließen die Anstalt, wobei Rose dem sabbernden armen Jungen auf der Couch zuwinkte.

»Das wird schwierig werden – nicht insgesamt schlimm, aber schwierig – für die ganze Familie, und ich hab mir gedacht, wir sollten über jedermanns Erwartungen reden. Ich jedenfalls mache mir Sorgen.« Mein Vater hatte ein Familientreffen einberufen, sobald Rose ihre dreißig Stoffbären der Reihe nach an ihren jeweils besonderen Platz gesetzt hatte.

»Keine Medikamente«, sagte Rose, die Augen gesenkt, und ihre Wurstfinger, jene Finger, die einst mein Haar zu Zöpfchen geflochten und mir Tulpen auf die Wangen gemalt hatten, zerrten am Saum ihres schmutzigen Kittels.

Mein Vater schaute verzweifelt meine Mutter an. »Rosie, möchtest du das neue Auto fahren?« fragte meine Mutter.

Roses Gesicht hellte sich auf. »Und ob ich das gern fahren würde! Ich würde nach Kalifornien fahren und würde die Bären im Zoo von San Diego besuchen. Ich würde dich mitnehmen, Violet, aber du hast den Zoo immer gehaßt. Erinnert ihr euch, wie sie im Zoo in der Bronx geweint hat, als sie rauskriegte, daß die Tiere beim Schließen nicht nach Hause durften?« Rose legte ihre feuchte Hand auf meine und drückte sie mitfühlend. »Arme Vi.«

»Wenn du deine Medikamente nimmst, wirst du nach einer Weile Auto fahren können. Das ist die Abmachung: Medikamente, Auto«, sagte meine Mutter. Es klang aufmunternd, doch ohne Überschwang, sie war darauf bedacht, Roses Wahnvorstellungen nicht zu verstärken.

»Da hast du selber eine Abmachung, Schätzchen.« Ich wohnte damals etwa eine Stunde entfernt, unterrichtete tagsüber Englisch, schrieb nachts Gedichte. Alle paar Tage kam ich zum Essen nach Hause. Ich rief jeden Abend an.

Mein Vater sagte ruhig: »Es ist sehr anstrengend. Aber ich glaube, es läuft ganz gut. Rose geht vormittags mit deiner Mutter spazieren, und sie sieht viel fern. Sie ist nicht in der Tagesklinik, und sie mag nicht zum Chor zurück. Ihre Freundin Mrs. Robicheaux ist einige Male hergekommen. Was für eine angenehme Frau. Rose wollte nicht mal mit ihr reden. Sie saß bloß da, starrte die Wand an und summte. Eigentlich läuft es doch nicht so gut, vermutlich kriegen wir's aber hin. Tut mir leid, Liebes, ich möchte dich nicht deprimieren.«

Meine Mutter sagte mit Nachdruck: »Bei uns läuft es bestens. Wir haben unseren festen Tagesablauf und daran halten wir uns, uns geht es bestens. Weißt du, du brauchst nicht so oft nach Hause zu kommen. Warte auf Sonntag, komm nur dann. Führe dein eigenes Leben, Vi. Sie führt auch ihres.«

Ich blieb die ganze Woche weg, wagte nicht anzurufen. Ich war meiner Mutter dankbar für ihre strenge Gelassenheit und ihre Zurückhaltung, Eigenschaften, die mich als Kind auf die Palme gebracht hatten.

Ich kam am frühen Sonntagnachmittag, um meinem Vater im Garten zu helfen; etwas, was wir immer gern gemacht hatten. Wir jäteten Unkraut, stützten die Tomaten ab und vertilgten Blattläuse, während meine Mutter und Rose beim See unten waren. Ich betrat nicht ein einziges Mal das Haus, erst um vier Uhr, als ich ein Glas Wasser brauchte.

Jemand hatte den Klavierschemel ordentlich in fünf Teile zerbrochen und sie dort liegenlassen, wo auch der Schemel gestanden hatte.

»Uns ging's so gut, da hab ich's nicht über mich gebracht,

das anzuschneiden«, sagte mein Vater im Eingang und achtete darauf, nicht mit den Gartenstiefeln in die Küche zu trampeln.

»Was hat Mami gesagt?«

»Sie hat gesagt: ›Besser der Schemel als das Klavier.‹ Und deine Schwester hat sich auf den Boden gelegt und geweint. Deine Mutter hat sie dann zum See runtergebracht. Das kann so nicht weitergehen, Vi. Uns bleiben noch siebenundzwanzig Tage, deine Mutter kriegt keinen Schlaf, weil Rose nicht schläft, und könnte ich nur die siebenundzwanzigtausend Dollar bezahlen, um sie in die Klinik zu tun, bis die Versicherung einsetzt, dann würde ich es.«

»Gut. Tu's. Zahl das Geld und bring sie wieder nach Hartley-Rees. Es war die netteste Klinik, und die Maltherapie da hat ihr Spaß gemacht.«

»Ich würde's ja tun, wenn ich könnte. Die Versicherungspolice besagt aber, daß sie mindestens fünfundvierzig Tage symptomfrei sein muß, bevor ihr Versicherungsschutz beginnt. Symptomfrei heißt: kein Klinikaufenthalt.«

»Mein Gott, Daddy, wie konntest du nur so eine Police abschließen? Sie ist nicht mal fünfundvierzig Minuten lang symptomfrei gewesen.«

»Es war die einzige, die ich für Langzeitpsychiatrie bekommen konnte.« Er legte sich die Hand über den Mund, um was immer er sagen wollte, zu unterdrücken, und ging in den Garten zurück. Ich konnte nicht sehen, ob er weinte.

Er blieb draußen, und ich blieb drinnen, bis Rose und meine Mutter vom See heraufkamen. Roses durchnäßte Trainingshose war bis zu den Knien hochgekrempelt, und sie trug einen Eimer mit Muscheln und Tang, den sie nach gutem Zureden meiner Mutter auf der Hinterveranda stehenließ. Meine Mutter küßte mich leichthin und bat Rose, nach oben auf ihr Zimmer zu gehen und die nasse Hose auszuziehen.

Roses Augen weiteten sich. »Niemals. Ich werde nie…« Sie kniete sich hin und begann heftig und rhythmisch mit dem

Kopf auf den Küchenboden zu schlagen, wobei sie ihr ganzes Gewicht in die Schläge legte. Meine Mutter faßte sie um die Taille und versuchte, sie festzuhalten. Rose schüttelte sie heftig ab, ohne sich auch nur umzudrehen, um zu sehen, was sie da langsamer machte. Meine Mutter blieb mit dem Kopf am Kühlschrank liegen.

»Bitte, Violet.«

Ich warf mich auf den Küchenboden, um die Stelle zu werden, gegen die Rose mit dem Kopf knallte. Sie hielt einige Zentimeter vor meinem Bauch inne.

»Oje, Vi, Mami, es tut mir leid. Es tut mir leid, bitte haßt mich nicht.« Sie taumelte auf die Füße und lief heulend auf ihr Zimmer.

Meine Mutter stand auf, wusch sich brüsk das Gesicht und rieb es mit einem Geschirrtuch trocken. Mein Vater hörte das Heulen und kam hereingerannt und zog seine langen nackten Füße aus den Gummistiefeln.

»Galen, Galen, laß mich sehen.« Er hielt ihren Kopf und suchte ihr kleines bleiches Gesicht nach Blutergüssen ab. »Was ist passiert?« Meine Mutter schaute mich an. »Violet, was ist passiert? Wo ist Rose?«

»Rose hat sich aufgeregt, und als sie nach oben gerannt ist, hat sie Mami umgestoßen.« Ich habe nur dreimal im Leben gelogen, und das war meine zweite Lüge.

»Sie muß sich furchtbar fühlen, dich umgestoßen zu haben, ausgerechnet dich. Du mußtest es ja sein, aber ich weiß, sie hat das nicht gewollt.« Er machte meiner Mutter eine Tasse Tee, und all die Liebe, die er für sie empfand trotz ihrer stummen Wutanfälle und ihrer abwesenden Blicke, strömte durch die Teekanne, wärmte ihre Tasse und erfüllte ihre kleinen langfingrigen Hände. Sie lehnte den Kopf gegen seine Hüfte, und ich schaute weg.

»Machen wir Essen, dann rufe ich sie. Oder du rufst sie, David. Vielleicht möchte sie dein Gesicht lieber zuerst sehen.«

Das Essen wurde von unserem ständigen Aufschrecken

und Innehalten und von Roses verzweifeltem Bemühen bestimmt, sich unter Kontrolle zu halten. Sie konnte kaum essen, summte immer wieder das Titellied von McDonald's, unterbrach nur, um sich Saft über den Kittel zu schütten, und fing an zu weinen. Mein Vater schaute meine Mutter an und reichte Rose seine Serviette. Sie tupfte apathisch an sich herum, aber die Tränen hörten auf.

»Ich möchte ins Bett. Ich möchte ins Bett, das wäre nett. Dann wär ich im Kopf, dann wär ich im Kopf. Ich möchte ins Bett, in mein Bett, in meinen Kopf, so nett, und ich trag Violett. Violett war ihr Hut, das tat mir so gut, o bitte, bitte, trag ja kein Violett, das wäre nett, denn Violett ... «

»Schon gut, schon gut, Rose. Schon gut. Ich gehe mit dir nach oben, und du kannst dich zum Schlafen fertig machen. Und dann kommt Mami rauf und sagt dir auch gute Nacht. Alles ist gut, Rose.« Mein Vater streckte die Hand aus, und Rose nahm sie, und gemeinsam gingen sie aus dem Eßzimmer, sein langer Arm um ihre Taille.

Meine Mutter blieb einen Augenblick lang am Tisch sitzen, das Gesicht in den Händen, dann begann sie die Teller zusammenzustellen. Wir deckten wortlos den Tisch ab, während meine Mutter Schuberts »Schlummerlied« summte, ein Wiegenlied über Wald und Fluß, die das Kind mahnen, schlafen zu gehen. Sie hatte uns, als wir klein waren, jeden Abend dieses Lied gesungen.

Mein Vater kam in die Küche und winkte meiner Mutter. Sie gingen nach oben und kehrten nach wenigen Minuten wieder zurück.

»Sie ist eingeschlafen«, sagte sie, und wir setzten uns auf die Veranda und hörten den Grillen zu. Ich erinnere mich nicht an den Rest des Abends, aber ich erinnere mich an dessen ruhige Traurigkeit, und ich erinnere mich an den seltenen Anblick meiner händchenhaltenden Eltern, die auf dem Gartentisch saßen und den Sonnenuntergang betrachteten.

Um drei Uhr morgens wachte ich auf und spürte die kühle

Nachtluft durch mein Bettuch. Ich ging die Diele entlang, um eine Decke zu suchen, und sah in Roses Zimmer, einfach so. Sie war nicht da. Ich zog mir die Jeans an und einen Pullover und ging nach unten. Ich konnte ihre Abwesenheit fühlen. Ich ging nach draußen und sah ihre großen, tiefen Fußabdrücke, die das nasse Gras verdunkelten, bis zum Wald hin.

»Rosie«, rief ich viel zu leise, da ich meine Eltern nicht aufwecken und Rose nicht erschrecken wollte. »Rosie, ich bin's. Bist du da? Bist du in Ordnung?«

Ich fiel fast über sie. Riesig und weiß im Mondlicht, ihr geblümter Kittel von Licht und Schatten gebleicht, ihre Trainingshose völlig naß jetzt. Ihr Kopf war nach hinten geworfen, ihr schneeweißer Hals freigelegt wie eine erratische griechische Säule.

»Rosie, Rosie…« Ihr Atem ging ganz langsam, und ihre Lippen waren nicht rosig wie sonst. Ihre Augenlider flatterten.

»Feierabend«, flüsterte sie. Ich glaube, das hat sie gesagt.

Ich setzte mich zu ihr, brachte das Glas mit dem Seconal neben ihrer Hand zum Vorschein und schaute zu, wie die Sterne verblaßten.

Als die Sterne nicht mehr zu sehen waren und die Sonne die Luft erwärmte, ging ich zum Haus zurück. Meine Mutter stand auf der Veranda, in eine Decke eingewickelt, und beobachtete mich. Jeder Schritt kostete mich ungeheure Kraft; ich konnte mir meine Mutter vorstellen, wie sie mich schlug, mich niederschoß, weil ich ihren Liebling hatte sterben lassen.

»Kriegerköniginnen«, sagte sie und umschlang mich mit ihren dünnen, starken Armen. »Ich habe Kriegerköniginnen aufgezogen.« Sie küßte mich wild und ging dann allein in den Wald.

Später am Morgen weckte sie meinen Vater, der nicht in den Wald gehen konnte, und noch später rief sie die Polizei und die Leichenhalle an. Sie stellte das Telefon ab, legte sich hin und verließ das Bett erst am Tag der Beerdigung. Mein Vater versorgte uns mit Essen und suchte die Leute auf, die man aufsuchen mußte, und er wählte auch Jen Sarg für Rose aus.

Meine Mutter spielte Klavier, und Addie sang ihre reinen goldenen Töne, und ich schloß die Augen und sah meine Schwester vor mir, vierzehn Jahre alt, die Löwenmähne nach hinten geschleudert und die Augen fest geschlossen gegen das grelle Licht des beleuchteten Parkplatzes. Jene süßen Klänge hielten uns fest, umflossen uns, wirbelten durch unsere Herzen und stiegen auf, immer höher.

HENRY UND MARIE

Bruchlinien
Nur du

Bruchlinien

Henry DiMartino sagte, wenn man sich ein Lotterielos kaufte, gab einem das die Erlaubnis, von einem besseren Leben zu träumen. Seine Frau Marie kaufte sich jeden Freitag auf dem Weg zur Arbeit in der Bibliothek ein Los, Henry kaufte sich nie eins. Um von einem neuen Leben träumen zu können, faßte Henry eine Affäre mit Mary Nordstrom ins Auge, der Rechtsanwältin seiner Baufirma, Henry hatte fünf Jahre zuvor eine Affäre mit einer Frau gehabt, die er hatte heiraten wollen, die ihn aber nicht wollte. Er hatte in den Schlafzimmern seiner Söhne gestanden, in ihre geliebten Gesichter geschaut und gedacht: Ich bringe das fertig. Ich kann euch verlassen. Er brauchte zwei Jahre, bis er sich nicht mehr schämte, daß der einzige Grund, weshalb seine Kinder einen Vater hatten, der jeden Abend Ball mit ihnen spielte und ihnen bei den Hausaufgaben half, der war, daß die Frau, die er liebte, seine Liebe nicht erwiderte. Als er merkte, daß er nicht an zerbrochenem Herzen sterben, sondern bloß angeknackst für alle Zeit weiterleben würde, schwor er, sich beim nächsten Mal, sollte es denn ein nächstes Mal geben, nicht zu verlieben.

Nach fünf oder sechs Mittagessen, Schnellimbissen beim Chinesen auf der Straße gegenüber und Pizzas im Büro, lud Henry Mary und Nathan zum Abendessen für den zweiten Samstag im Oktober ein. Marie begann am Freitag nachmittag mit dem Kochen. Henry hatte ihr Haus selbst entworfen, und die Küche hatte das Ausmaß von zwei großen Zimmern, die Arbeitsflächen waren aus Marmor; es war sein Tribut an Maries großartige Kochkünste. Sie machte junge Artischocken und Gnocchi mit Basilikumsahne, gefolgt von Kalbfleisch alla Marsala und einem Radicchio-Orangen-Salat. Sie backte einen Pfirsichkuchen mit Haselnußkruste. Henry verbrachte zwei Stunden damit, Weine auszusuchen, von denen er meinte, daß Mary sie mochte. Er kam nach oben, die Arme voller Weinflaschen.

Marie winkte ihm stumm zu, als er die Flaschen ins Eßzimmer stellte, und er winkte zurück, aufgeregt und erleichtert. Marie war so gut aufgelegt, daß der Abend schon anders aussah. Sie konnten alle Freunde werden, kein Schaden würde entstehen. Er würde weiterhin ganz harmlos mit Mary flirten, und er und Marie würden im November nach St. Kitts fahren und sich in einem großen Zimmer lieben, mit Blick auf das warme, blaue Wasser.

Marie gab sich Mühe, ihre Stimme fröhlich klingen zu lassen, als sie Henry zurief: »Wie ist sie denn so?« Marie wußte, daß sie eine furchtbar altmodisch eifersüchtige Frau war, und sie wußte auch, ohne es sich einzugestehen, daß ihre Eifersucht Henry dazu trieb, sich innerlich zurückzuziehen wie eine Molluske, die einer Nadel ausweicht. Sie konnte nie entscheiden, konnte nie gewiß sein, ob es nur ihre Eifersucht war, die sie vermuten ließ, daß er, als sie noch in Connecticut wohnten, eine Affäre gehabt hatte, oder ob es tatsächlich so gewesen war. Sie stellte ihn nicht zur Rede, weil sie wegzogen, weil sie fast hören konnte, wie Henry die Affäre zugab, fast sehen, wie er sich von ihr abwandte, ohne jede Entschuldigung. Abends, wenn sie sich zum Schlafen bereitmachten, blickte Marie gewöhnlich finster drein und sann darüber nach, wie ungerecht es doch war, daß sie beide als attraktive sportliche Teenager begonnen hatten, Henry aber zu einem aufregend gutaussehenden Mann mit breiter Brust herangereift war, stets braungebrannt, mit weißen Zähnen und schwarzgelocktem Haar, das durch die paar silbrigen Strähnen noch schöner wurde. Marie sah wie eine adrette, besser gekleidete Version ihrer verstorbenen Mutter aus. Henry liebte sie deshalb nicht weniger, das wußte sie. Aber sein Blick ruhte nicht auf ihr, wenn sie sich auszog, auch das wußte sie, und er wußte es, und sie beide schämten sich dafür und spürten zudem eine leichte Verbitterung. Henry ermunterte Marie, Gymnastik zu machen, aber bei ihr klang es immer so, als sei das für einen Erwachsenen etwas Eitles und Kindisches. Henry machte sechsmal in der Woche zweihundert Rumpfbeugen und hundert Liegestütze. Viermal in der Woche saß er eine Dreiviertelstunde auf seinem Heimtrainer.

Henry hatte nicht das Bedürfnis, Marie zu erklären, wie Mary so war, allerdings konnte er der Versuchung nicht widerstehen, über sie zu sprechen, wobei er mit der Zunge über ihren Namen glitt, wie er davon träumte, damit über die pulsierende Ader oberhalb ihres Schlüsselbeins zu gleiten. Henry wußte nach zwanzig Ehejahren mit Marie, daß in dem Augenblick, wo er Mary beschrieb, der Tag verdorben war. Und wenn er nichts sagte, war der Abend verdorben, womöglich noch dramatischer, sobald Maries Blick auf Mary fiel. Während Henry sich spielerisch mit den Weinflaschen abgab, versuchte er die Möglichkeiten einzuschätzen: jetzt gleich die Stimmung zu verderben und zu hoffen, daß Marie sich bis zur Essenszeit zusammengerissen hatte, oder den Rest des Nachmittags zu genießen, das Hitzeloch seines Übels zu ignorieren und zuzuschauen, wie der Abend scheiterte, während Marie sich hilflos grob gegenüber Mary verhielt und bis vier Uhr morgens im Zustand nicht nachlassender Hysterie blieb. Henry goß sich ein kleines Glas Portwein ein und sagte sich, daß eine mit Bedacht abgegebene Beschreibung Marys besser war, als daß Marie überrumpelt wurde, wenn Mary durch die Tür trat. Er ging in die Küche.

Marie wappnete sich gegen Henrys Antwort. Bitte keine Blondine.

»Sie ist groß, eher hager, sehr kurzes Haar. Sie ist clever und hat prima Arbeit geleistet hinsichtlich der Verträge zur Erschließung von Laurel Springs. Ihr Mann scheint ein netter Kerl zu sein, ist einmal im Büro vorbeigekommen. Er ist Schriftsteller, schreibt über seine Familie, hat Mary gesagt, übers Aufwachsen als Jude in North Carolina, was eine Horrorerfahrung gewesen sein muß.« Henry lehnte sich gegen den Arbeitstisch und zwang sich, in Maries Augen zu schauen und zu lächeln, wobei ihn der Portwein und das Aussprechen von Marys Namen angenehm erwärmten.

Er hätte sagen können: Sie ist eine helle, ganz helle Blondine, genau wie die andere. Aber Gae war sanft und verträumt und weckte in mir den Wunsch, sie fest einzuhüllen und in eine bessere Welt zu tragen. Mary ist kühl, robust, liebt Baseball und läuft dreißig Kilometer pro Woche. Wenn Licht auf ihre Blondhaarkappe fällt und ihre hellblauen Augen direkt auf mir ruhen, als wäre ich allein im Zimmer, höre ich auf zu atmen, weil die Spannung in meiner Brust übergroß wird. Und wenn ich ihr nicht »über den Weg laufe«, »schaue ich bei ihr vorbei«, und wenn das nicht klappt, rufe ich sie an und bitte sie, mit mir Pizza zu essen, und wenn wir dasitzen und Bier aus derselben Flasche trinken, denke ich an die langen weißen Beine, wie sie mich umschlingen, und sie grinst, als wüßte sie, an was ich denke, und es machte ihr nichts aus. Und noch etwas, was du nicht hören willst, weil du da genauso empfindest wie ich; Nathan ist nicht ihr Mann. Sie leben zwar seit Jahren zusammen, aber du und ich, wir wissen, das ist nicht das gleiche. Selbst wenn sie es sagt und andere es sagen, ist das egal, und an diese Tatsache halte ich mich. Sie ist nicht wirklich die Seine. Und wenn ich sie auch nicht liebe, nicht mit ihr zusammen alt werden möchte, so will ich sie doch, weil ich sonst nie mehr unbeschwert werde atmen können. Das ist es doch, was du eigentlich hast wissen wollen. Eine Blondine, so hellhäutig, daß sie sich nicht die Beine zu rasieren braucht.

Mary war Maries Alptraum, und Marie wußte es und Henry ebenfalls. Und irgendwie wußte Mary Bescheid, auch wenn sie es nicht wissen wollte und sich geschmeichelt und gleichzeitig schuldig fühlte. Nathan würde es nach dem Abendessen wissen, da er meist ein guter Beobachter war und daran gewöhnt, daß Männer von Mary angezogen wurden. Nathan hielt Mary für sehr gutaussehend, schön auf ihre Art, aber er liebte sie wegen ihrer Intelligenz, ihres Humors und ihrer lässigen Kompetenz. Henry hielt sie für makellos schön, und er hätte ihren Humor und ihre Kompetenz gegen eine Nacht mit ihr eingetauscht. Wenn Mary Henry ansah, rührte sie das Verlangen in seinen Augen außerordentlich und zog sie von Nathan weg, obwohl sie wußte, daß das, wonach Henry verlangte, in zehn Jahren vorbei sein würde.

Marie versuchte, nicht aufzuschreien, als sie hörte, was Henry sagte und was nicht. Da er die Haarfarbe nicht erwähnte, war die Frau wohl blond. Sie ging zum Ofen und kochte weiter mit Talent und Haß. Sie würde diesem Miststück und ihrem Kastratenmann ein Essen vorsetzen, an das die beiden sich erinnern sollten; einen Pfirsichkuchen, der ihr auf der Lügenzunge dahinschmolz, Gnocchi, die wie ein Hauch in seinem zimperlichen Magen ruhten, mochten sie doch ersticken daran und jämmerlich verdursten.

Henry verkündete, daß er kurz in den Garten schauen wolle. Bevor er nach draußen ging, schlüpfte er ins Schlafzimmer, um sich klarzuwerden, was er für Mary anziehen sollte. Er wußte, er sah gut im Anzug aus, etwas, was Nathan, der Schriftsteller, wohl nie trug. Er konnte aber nicht gut seinen italienischen Achthundert-Dollar-Anzug für ein zwangloses Essen vorführen, Marie würde ihm den vom Leib reißen. Er wollte ganz locker wirken, nicht wie ein Maurer oder ein Latino, der sich für einen besonderen Anlaß fein gemacht hatte. Henry hätte am liebsten seine ganze Kleidung vor sich ausgebreitet und hin und her gewendet, Marie aber würde horchen, ob er auch tatsächlich in den Garten hinausging. Im Geiste holte er die schwarze Flanellhose heraus, ein weißes Hemd mit feinen roten Streifen und die Strickjacke aus rotem Kaschmir, die Marie ihm zum vierzigsten Geburtstag gekauft hatte. Er liebte dieses Stück; die Form erinnerte ihn an seinen Vater und Großvater im Hinterzimmer des großväterlichen Lebensmittelladens; das weiche kostspielige Material erinnerte ihn daran, wie weit er es gebracht hatte, weg von Sägemehl und überreifem Gemüse.

Er überprüfte, ob sein schwarzer Gürtel aus Eidechsenleder in der Schublade lag, und suchte nach den schwarzen Socken mit dem dezenten grauen Muster. Danach eilte er nach draußen, um das Laub zu rechen und von Mary zu träumen, wie sie ihm das Hemd aufknöpfte und wie ihre Finger an seiner Gürtelschnalle nestelten. Er unterhielt sich gern mit ihr und bewunderte ihre Schlagfertigkeit, aber er träumte tagsüber nicht von gemeinsamen Gesprächen. Er stellte sich nur ihr eckiges Kinn mit dem Grübchen vor, ihre kraftvollen Beine, ihre kleinen weißen Brüste mit den aufgerichteten Brustwarzen.

Während Marie Basilikum im Mörser zerstampfte und Pinienkerne röstete, dachte auch sie darüber nach, was sie anziehen sollte. Sie könnte nichts Weißes tragen, sie neigte nämlich dazu, sich zu bekleckern, und sie konnte auch keine Hose tragen, denn damit sah sie nun mal von hinten aus wie eine Kuh. Sie würde aber im Beisein dieser Frau nicht schlecht aussehen. Sie würde die Halskette aus massivem Gold tragen, die Henry ihr zum zwanzigsten Hochzeitstag in Florenz gekauft hatte, dazu passend die mit Gold gefaßten Diamantohrringe, die sie gemeinsam auf den Bermudas ausgesucht hatten. Mochte die Frau doch glotzen. Sie entschied sich, eine schwarzrote Bluse anzuziehen und einen schwarzen Faltenrock, Marie trug immer, selbst zu Hause, Stöckelschuhe.

Auch Mary überlegte, was sie anziehen sollte, sie allerdings konnte mit Nathan darüber sprechen, der zwar gedankenverloren, aber bereitwillig war.

»Ich weiß nicht, wie förmlich die sind. Bei der Arbeit trägt Henry immer einen Anzug, genau weiß ich es allerdings nicht.« Während sie plauderte, befingerte Mary ein hellblaues Seidenkleid mit kurzen Ärmeln, rückenfrei. Es brachte die besten Seiten an ihr zur Geltung und täuschte einen größeren Busen vor. Sie hätte lieber dunklere Wimpern und einen kleineren Po gehabt, aber sie benutzte seit dem zwölften Lebensjahr Mascara, und da die Männer in ihrem Leben ihren Po immer gemocht hatten, mochte sie ihn jetzt auch. Es war lächerlich, das Seidenkleid anzuziehen; Nathan würde glauben, sie sei überkandidelt. Sie nahm eine graue, auf Taille sitzende Gabardinehose heraus und eine weiße Seidenbluse, legte sich das silberne Ohrgehänge an, das Nathan ihr zu einem früheren Geburtstag geschenkt hatte, und den breiten grauen Gürtel aus Veloursleder, um ihre schmale Taille zu betonen.

»Du siehst phantastisch aus«, sagte Nathan lächelnd. »Wenn die beiden natürlich förmlich gekleidet sind, wird's für uns etwas peinlich.«

Mary lächelte zurück; sie liebte Nathan, seinen scharfen durchdringenden Geist, seine gute Laune und seine endlose Geduld. Sie konnte sagen, daß Henry zwar durchaus gescheit war, nicht aber brillant, daß er einen ausgeprägten konventionellen Humor hatte und zu häßlicher Arroganz neigte. Sie hatte Nathan das alles über ihren neuen »Bürobekannten« erzählt, hatte jedoch verschwiegen: Der ist wahnsinnig scharf auf mich, und wenn er in mein Büro kommt, bringt Alice, die nicht mal dem Papst einen Kaffee servieren würde, sich fast um, ihm den so zu servieren, wie er ihn mag. Er ist so sexy, so was habe ich noch nie erlebt, und ich glaube – nein, ich weiß es –, ich muß ihn einfach haben. Nur ein einziges Mal, Nathan, das schwöre ich dir, danach komme ich gleich zurück. Du wirst es nicht mal merken, daß ich weg bin.

Sie lächelte Nathan an und polierte sich die Nägel, während er die graue Kordhose anzog und den schwarzen Rollkragenpullover, den er von nun an bis April tragen würde, wo er dann zu Khakifarbenem, Sandalen und einem weißen Baumwollhemd überging.

Nathan und Mary fanden das Haus ohne weiteres und gratulierten sich, denn keiner von ihnen hatte eine gute Orientierung. Mary griff nach dem Gastgeschenk auf dem Rücksitz, einem Topf mit weißen Chrysanthemen, hübsch ruhend in einem schwarzen Bastkörbchen. Sie wollte Marie eine Freude machen, und sie wollte Henry zeigen, was für eine nette Person sie war, außerdem wäre ihr im Traum nicht eingefallen, ohne Geschenk zu einem Abendessen zu kommen. Und wenn Marie sich nicht freute oder nicht klug genug war, so zu tun, als ob, tja, dann war das ihr Fehler.

Begrüßung, Hausbewundern und Überraschungsrufe angesichts der Chrysanthemen gaben genug her, um die ersten acht Minuten glatt über die Bühne gehen und alle ihre Meinung über den Verlauf des Abends revidieren zu lassen. Erst als sie sich im Wohnzimmer niederließen und einander anschauten, begann die Stimmung umzuschlagen.

»Was für herrliche Ohrringe«, sagte Mary zu Marie, und Marie berührte voll Stolz ihre Ohren.

»Henry hat sie für mich auf den Bermudas gekauft. Ich bin richtig verliebt in sie.«

Alle lächelten Henry zu, und die zwei Frauen sprachen über Juwelen, für die sie beide etwas übrig hatten, obwohl ihr Geschmack ansonsten recht unterschiedlich war, und sie sprachen über italienisches Leder, und auch da waren sie einer Meinung, und dann sprachen alle vier über Italien und die Luftverschmutzung in Rom und übers Reisen im allgemeinen. Nathan erzählte einige komische, bescheidene Geschichten über seine Zeit als Tramper in Europa, als er keine einzige Fremdsprache beherrschte, und Marie lächelte ihn an. Während ihm jeder seine Botschaft sandte, versuchte Nathan Maries nachdrückliche Begeisterung, Marys liebevolle Bewunderung und Henrys wachsames Lächeln im Auge zu behalten.

Während des ganzen Essens redete Marie mit Nathan und mit Mary, Mary konzentrierte sich ganz auf Marie, und der einzige, der mit Henry redete, war Nathan.

Rotwein verursachte bei Mary Migräne, und Marie trank nie Wein, wenn es sich vermeiden ließ, und so leerten die beiden Männer anderthalb Flaschen St. Amour, den Nathan pries, worauf Henry ihn gleich besser leiden konnte. Henry vermißte jemanden, mit dem er über Wein reden konnte, jemanden, der sich mit ihm auf eine Sache einließ. Als Nathan sagte, daß er angele, ertappte sich Henry bei dem Gedanken, daß der Kerl schwer in Ordnung war, nicht gerade ein Tatmensch, ein netter Typ eben, mit beiden Füßen auf der Erde, was er eigentlich von einem Schriftsteller nicht erwartet hätte. Henry überlegte, ob sie beide vielleicht mal an einem Sonntagmorgen angeln gehen könnten.

Nathan hielt Henry für einen Salz-der-Erde-Typ und dabei bestimmt ganz in Ordnung, wenn auch nicht gerade der Intelligenteste oder Interessanteste im Umkreis. Und der St. Amour war hervorragend. Nathan hatte so einen Wein nicht mehr getrunken, seit er vor zehn Jahren von New York weggezogen war. Als Henry sagte, daß auch er gern angele, fragte sich Nathan, wie es wohl wäre, zur Abwechslung mal in Gesellschaft loszuziehen.

Die Unterhaltung beim Essen drehte sich kurz um die Arbeit schlechthin, was alle langweilte, dann um Nathans Schriftstellerei, was ihm peinlich war, und auf Drängen Marys um DiMartinos Kinder, danach um große italienische Weine, wobei die zwei Frauen die Augenbrauen hochzogen und den Tisch abräumten und damit alle zurück zu einem sicheren und leicht unterhaltsamen Gespräch über Küchengeräte lotsten.

»Henry hat mir zum letzten Muttertag eine Teigwarenmaschine gekauft. Die find ich prima.«

»Aha. Können Sie die zum Gnocchimachen benutzen?« Nathan redete gern über Küchengeräte; Mary hatte nur von

Joghurt und Tiefkühlgerichten gelebt, bevor sie Nathan kennenlernte.

»Ja, bestens. Sie hat sogar eine Raviolipresse, und man muß nicht viel saubermachen. Geht alles so in die Spülmaschine.«

»Das kann doch nicht wahr sein. Ich helfe Ihnen beim Kaffee, und Sie zeigen sie mir, bevor ich hier rausstürze und mir gleich eine kaufe; was auf Ihr wunderbares Kochen zurückzuführen wäre. Wirklich, Marie, einfach himmlisch.«

Marie, bezaubert von Nathans Südstaatenmanieren und erstaunt, einen Mann zu finden, der kocht, läßt zu, daß er sie in die Küche führt, wobei sie fast vergißt, daß Mary und Henry nun allein miteinander sind.

Als die Küchentür zuschwingt, ruft Henry: »Schön, ihr Hübschen macht das Dessert, und ich zeige Mary den Garten.«

Mary lächelt höflich, nicht die Spur von dem verschmitzten, vielversprechenden Grinsen, das sie Henry bei ihren gemeinsamen Essen geschenkt hat; Marie ist einfach zu nett, und sie haben diese großartigen Kinder, die nun Namen haben, Claude und Giulio, und wenn Henry auch blendend aussieht, so heißt das nicht, daß sie mit ihm schlafen muß. Sie können bloß gute Freunde sein und ein bißchen flirten, und da Nathan Henry anscheinend mag und seit ewigen Zeiten keinen Freund gehabt hat, können die vier gelegentlich zusammen essen.

Mary folgt Henry durch die Verandatür auf die Terrasse, um sich die leuchtenden Zinnien und die bernsteinfarbenen Chrysanthemen anzusehen und die zarte beharrliche Clematis, die sich an der Seitenwand des Hauses hochgerankt hat. Er knipst die Terrassenbeleuchtung an und reicht ihr ein Streichholz für die viereckigen Zitronell-Kerzen. Als sie die anzündet, sagt Henry zu Mary, wie sehr er Nathans Geschichtenerzählen mag. Mary preist Maries Kochkünste und sagt, daß es schwer sein werde, da mitzuhalten, wenn Henry und Marie zu ihnen zum Essen kommen.

Als sie sich umdrehen, um zurück zum Haus zu gehen, bleibt ein schmaler schwarzer Absatz an der Kante einer Steinplatte hängen, und Mary stolpert. Henry fängt sie auf, und sein rechter Arm schlingt sich um ihre Taille, und der andere fährt hinter ihren Nacken, und sie läßt den Kopf zurück in die feuchte Beuge seines Arms fallen.

Die Blumen und der intensive Zitronenduft rauschen ihnen im Ohr und übertönen das Zischen der Espresso-Maschine und das leichte Klirren der Täßchen auf den Untertellern.

Ein vollkommener Kuß, wie ein vollkommener Strand oder ein vollkommener Diamant, ist nicht so häufig in unserem Leben, als daß man ihn ignorieren könnte. Als Marie sie zum Dessert ruft, lösen sie die Arme voneinander, stellen aber fest, daß sie nicht auseinandergehen können, sie sind wie Farbe und Licht untrennbar miteinander verbunden.

Nur du

Marie, die ein nicht gerade ausgeprägt sexuell orientierter Mensch ist, kann ihrem Körper seine Veränderungen im mittleren Alter nicht vergeben, doch bekommt sie fast alle ihre Bedürfnisse im »Extra-Touch«, Alvin Myersons Schönheitssalon, erfüllt.

Als Alvin das Friseurgeschäft eröffnete, rieten ihm Freunde, sich fortan André oder sogar Alain zu nennen. Er kümmerte sich nicht darum, sondern stellte vielmehr seine Konzession mit »ALVIN ROY MYERSON« in Großbuchstaben direkt vorne im Salon zur Schau. »Ich handle mit Illusionen«, sagte er, »nicht mit Lügen.« Marie, die ihre Söhne mit Hingabe umsorgt, ihren Mann liebt und ihm gleichzeitig grollt, mag Alvin recht gern. Sie glaubt, daß sie etwas miteinander gemein haben. Maries Freundinnen scheinen alle leidlich glücklich mit ihrem Leben zu sein, die, die es nicht sind, kommen zu Marie, um Maries gutaussehendem Mann schöne Augen zu machen, der auch ihnen manchmal schöne Augen macht. Marie weiß, was Henrys Interesse erregt, und es sind nicht Frauen wie ihre Freundinnen. Sie sind allesamt zu mütterlich, zu dunkel, zu sehr wie Marie, als daß sie besorgt sein müßte.

Marie ist in den Salon gekommen, um nun schon zum dritten Mal zu besprechen, ob sie sich ihr graubraunes Haar färben lassen soll. Sie hatte sich den ganzen Tag darauf gefreut, Alvins kräftige Hände auf ihren Schultern zu fühlen, wenn er ihr den Kopf von einer Seite zur anderen zieht und die elegante, jugendliche Frau beschreibt, die sie sein wird, nachdem er eine milde Tönung angewendet hat, die ihre natürliche Haarfarbe wiederherstellt. Bei Alvin klingt es so, als gewinne sie nur zurück, was ihr zusteht, nicht, als tue sie etwas Albernes und Eitles. Maries Befürchtung, eitel zu erscheinen, und ihre Überzeugung, daß nichts an ihr ist, worauf sie sich etwas einbilden könnte, halten sie davon ab, sich auch nur ein wenig Mühe zu geben, anziehend auszusehen.

»Kommen Sie schon«, hatte Alvin letzte Woche gesagt, und er beugte sich über sie und flüsterte ihr ins Ohr: »Erlauben Sie sich, schön zu sein.«

»Henry ist der Schöne«, antwortete sie darauf mit so harter, verängstigter Stimme, daß die Frauen in ihrer Nähe meinen mußten, sie hasse ihren Mann.

Als Joyce, die Empfangsdame, Marie mitteilt, daß Alvin mit Grippe im Bett liegt, starrt Marie nur auf die Ständer mit Schaumfestigern und Gelpackungen vor sich, um nicht loszuweinen; lächerlich zu weinen, weil dein Friseur nicht da ist, auch wenn er dein guter Freund ist und du ihn eine Woche nicht gesehen hast. Marie fährt viel zu schnell zur Bäckerei ihres Vaters.

»Tag, Liebes. Keine Arbeit heute?«

»Ich mache gerade Pause, Pa. Kannst du mir bitte zwei Baguettes geben.«

»Na klar, zwei Baguettes. Die Jungen mögen ja so gern Weißbrot. Hank mag gern Rosineripumpernickel. Habt ihr eine Einladung? An einem Mittwoch?« Maries Mutter ist vor zwei Jahren gestorben, und ihr Vater *ist* mehr in ihrem Haus als im eigenen.

»Nein. Ich hab da jemand Krankes und bringe Brot und Suppe vorbei.« Marie vermeidet geflissentlich das Pronomen. Ihr Vater würde es nicht gutheißen, wenn sie einen Freund hätte, nicht einmal den Friseur. »Bist ein liebes Mädchen, genau wie deine Mutter, kümmerst dich um alle. Hallo, Mrs. Lottman.«

Marie geht nach Hause und taut eine Packung Hühnersuppe und Reis auf. Sie ruft Alvin an und sagt ihm, daß sie gleich zu ihm kommt.

»Ich bin völlig durcheinander, Schätzchen. Ehrlich. Die Wohnung sieht beschissen aus und ich noch viel schlimmer.«

»Fünf Minuten, Alvin, und bleiben Sie ja im Bett. Der Hausmeister kann mich reinlassen.« Marie ist in Brooklyn aufgewachsen und glaubt, alle Apartmentbewohner werden von ihrem Onkel Sario überwacht oder jemand Entsprechendem am Ort.

»Marie, es gibt keinen Hausmeister. Das sind hier lauter Eigentumswohnungen, und der Verwalter, ich hab ihn noch kein einziges Mal gesehen, wohnt ganz am Rand von Chapel Hill. Ich lasse Sie rein und krieche dann ins Bett zurück. Sie Engel.«

Marie legt ein paar Illustrierte und eine Steppdecke ins Auto, während die Suppe in der Mikrowelle steht, und schreibt Henry eine Notiz, daß sie sich bei Claudes Softballspiel treffen werden.

Alvin sieht so elend aus, wie er gesagt hat. Sein rötlichblondes Haar klebt ihm am Schädel und offenbart den zurückweichenden Haaransatz, normalerweise vom Pony verdeckt. Im Friseurgeschäft trägt Alvin legere weiße Wollstoffhosen und sieht wie der Kapitän einer Kricketmannschaft aus; in seinem extra großen Bett sieht er wie ein sterbender John Barrymore aus, das Gesicht vom Kranksein gezeichnet, die Backenknochen stark hervortretend. Marie schneidet Brot auf, wärmt noch einmal die Suppe auf und wischt rasch über die Arbeitsflächen in der Küche. Sie hantiert herum und parodiert ihre mütterliche Seite, damit es ihm nicht peinlich wird. Sie kann es nicht ertragen, ihn zu beschämen, kann es nicht ertragen, daß er sie bittet zu gehen. Sie bringt die Decke ins Zimmer und hält sie, Zustimmung heischend, hoch. Mane möchte die Decke über ihn breiten und sie ihm am Oberkörper glattstreichen.

»Herrliches Muster. Rose of Sharcri, stimmt's? Wohl bei einer alten Dame abgestaubt.«

Da Alvin sich trotz des kalten Schweißes um ein Lächeln müht, täuscht Marie Empörung vor. Sie legt die Decke auf ihn und berührt dabei zufällig seine feuchte Wange.

Alvin nimmt ihre Hände in die seinen und beugt sich über sie. »Schöne Hände haben Sie, Marie. Darf ich etwas sagen?«

»Natürlich. Was Sie wollen.«

»Nicht mehr dieses verdammte Korallenrot auf Ihren Nägeln, ja? Sie haben kleine hübsche Hände und eine hellbraune Haut. Nur echtes Rot oder farblos, ja? Und schneiden Sie die Nägel oval, nicht spitz zulaufend.« Er küßt ihr beide Handrücken und verkriecht sich unter die Decke, die leicht und angenehm duftet, wie die Suppe. »Sie sind ein Schatz«, sagt er und schließt die Augen.

Marie drückt ihm die Decke um die Schultern herum fest, danach spült sie alle schmutzigen Teller, die sie finden kann, und bringt das Wohnzimmer in Ordnung, was schnell erledigt ist. Alvin ist genauso ordentlich wie sie. Sie möchte nicht gehen. Sie hinterläßt ihre Telefonnummer am Telefon in der Küche, wickelt die Baguettes in Folie ein, damit man sie wieder aufwärmen kann, und trifft sich mit ihren Söhnen und ihrem Mann beim Softballspiel; in Gedanken weilt sie bei Alvins feuchtem, bleichem Gesicht, und sie jubelt, wann immer Henry jubelt.

Nachdem Alvin seine Grippe überwunden hat, erlaubt er nicht, daß Marie fürs Haarschneiden oder fürs Färben, dem sie schließlich zugestimmt hat, zahlt. Sie sind Freunde, und er wird sie schön machen. Marie kommt mit glänzendem mahagonifarbenem Haar nach Hause, das von kupferroten Strähnchen durchzogen wird, kurz geschnitten, um ihren schlanken Nacken hervorzuheben, und die Frauen im Büro sagen ihr, sie sehe ganz anders aus. Henry sagt, er habe nie gewußt, daß ihr Nacken so hübsch sei. Alvin läßt ihr sogar ein paar silbergraue Haare, damit niemand glaubt, sie färbe sich das

Haar. Mittwochs essen sie im hinteren Teil des Friseursalons zusammen zu Mittag, und sonntags assistiert Marie Alvin bei den Bräuten und Brautmüttern. Sie reicht ihm Haarklammern und Kämmchen und sprüht Haarspray, so fein und stark, daß einem alle Haare einzeln zu Berge stehen könnten, falls das der gewünschte Effekt ist. Alvin bringt ihr bei, wie man Chignons macht, Haare zu Knoten dreht, Zöpfe flicht und weiße Blumen ins Brauthaar einwebt. Die Frauen sind alle trotz ihrer Nervosität glücklich und Alvin und Marie gegenüber sehr, sehr dankbar.

Alvin sagt: »Auf dem nächsten Lieferwagen wird stehen ›Marie & Alvin: Ihre Hochzeiter‹.«

Marie hat sich in die Schönheit verliebt. Henry bemerkt, daß sie nicht mehr zur Messe geht, aber er sagt nichts dazu; es ist ihm egal, da sie die Arbeit mit Alvin glücklicher macht, als es die Kirche je vermocht hat. Sie sieht auch besser aus. Marie hat keinen Anlaß, nochmals in Alvins Apartment zu gehen, und er seinerseits kommt nie zu ihr nach Hause.

An einem Sonntagmorgen ist Marie spät dran, und Alvin klingelt bei ihr. Henry, im schwarzen Veloursbademantel und mit nackten Beinen, öffnet die Tür. Obwohl Henry sich nie Gedanken über Alvins Aussehen gemacht hat, weiß er sofort, wer er ist. Alvin denkt, Henry sieht genauso aus wie vermutet, vielleicht ein bißchen grauer, doch auch so sehr gut.

»Kommen Sie rein, sie ist gleich fertig«, sagt Henry. »Kaffee?«

»Ein Kaffee wäre prima. Ich habe eine Braut, eine Brautmutter und zwei Brautjungfern, die in Laurel Springs auf mich warten. Frisur *und* Make-up. Das läßt sich ohne Kaffee nicht machen. Intravenöser Bourbon würde nicht schaden.«

Henry lacht, überrascht. Er hatte nicht erwartet, daß Alvin sich so normal anhören würde. »Kommen Sie in die Küche. Ich war gerade dabei, mir eine Tasse zu machen.«

»Schönes Haus. Marie sagte, daß Sie es entworfen haben.«

»Ja. Als wir herzogen, haben wir dieses Baugrundstück entdeckt. Hat gut hingehauen. Mein Vater ist auch in der Baubranche, wir haben alles selbst gemacht. Sinnlos, jemand anderem Geld dafür zu geben, nur damit er es vermasselt.«

»Genau. Ich arbeite auch lieber auf eigene Rechnung. Ich habe zwei Jahre im Geschäft von einem anderen gearbeitet, das hat mir gereicht.«

Henry ist auf einmal froh, daß er Alvin Kaffee einschenken kann, auch ein Unternehmer und wahrscheinlich auf seine Art ein zäher Bursche.

Marie kommt die Treppe heruntergerannt, gerade als Alvin den ersten Schluck Kaffee trinkt.

»Hallo.« Alvin steht nicht auf, um sie auf die Wange zu küssen, wie sonst immer, und Marie ist so gekränkt, daß sie beide ohrfeigen könnte, sitzen da wie die Goombah Brüder.

»Ich bin soweit«, sagt sie und zwängt die Hände in die Taschen der beigen Wildlederjacke, die sie auf Alvins Rat hin gekauft hatte. »Gehn wir, Alvin.«

»Laß den Armen doch seinen Kaffee zu Ende trinken, Liebes. Ihr habt beide einen langen Vormittag vor euch. Möchten Sie noch eine Tasse?«

Halt's Maul, denkt sie. Alvin nimmt schnell noch zwei Schluck Kaffee und zwinkert Marie zu.

»Packen wir's. Danke für den Kaffee, Henry. Nett, Sie kennenzulernen.«

»Ebenso.«

Sie geben sich die Hand, während Marie sich dabei ertappt, von Gefühlen bewegt zu sein, die sie nicht deuten kann.

»Wiedersehn, Liebes«, sagt Henry, eine große Hand hebend, um ihr zuzuwinken.

»Wiedersehn«, murmelt Marie und zwingt sich dazu zurückzuwinken. »Die Jungen kommen nicht vor zwei nach Hause.«

Henry lächelt und greift nach der Zeitung, als sie gehen. Das Haus gehört nun ihm.

»Mir gefällt die Jacke an Ihnen«, sagt Alvin, während er sich in den Verkehr einfädelt.

»Ja? Ich bin froh, daß Sie mich dazu animiert haben, jeder mag sie, und sie ist so samtweich. Paßt sie zu der Hose?«

Wenn es nach Marie ginge, würde Alvin ihr jeden Morgen die Kleidung bereitlegen. Sie sprechen nicht über Henry.

Als die Einladung zum Internationalen Treffen der Coiffeure kommt, reicht Alvin sie Marie.

»Kommen Sie, wir fahren nach Miami. Sie sind mein von der Steuer absetzbarer Gast. Tanken Sie etwas Sonne, und abends tanzen wir Mambo. Sie müssen mit, ohne Sie krieg ich's nicht hin.«

»Tanzen Sie wirklich Mambo?«

»Meine Beste, Sie haben vor sich den lateinamerikanischen Ballkönig von Jersey City.«

»Also schön, und Sie verraten mir, was ich einpacken soll«, sagt Marie und fragt sich, was Henry dazu sagen wird; sie sieht sich mit Alvin unterm Mond von Miami tanzen.

Die Eingangshalle ist eine weißsilberne Höhle mit Plexiglas-Stalaktiten, die sich in Spiralen nach unten winden, um die silberbesprühten Palmspitzen zu berühren, die glitzernd-weiße Kokosnüsse tragen. Alvin muß darüber lachen und grinst auch noch, als man sie zu ihren nebeneinanderliegenden eisblauen Zimmern führt, die beide ihren Akzent durch die himbeerfarbenen Flamingos erhalten, eingeätzt in die Spiegel und appliziert auf ihre ausladenden Tagesdecken.

Alvin und Marie amüsieren sich prima. Jeden Abend frisiert Alvin sie ein wenig anders und legt ihr die Kleidung zurecht. Am zweiten Abend, als sie vor dem Spiegel sitzt, nimmt Alvin ihr türkisfarbenes Seidenkleid und beginnt damit im Zimmer Cha-Cha-Cha zu tanzen, ein lateinamerikanischer Fred Astaire.

»Genau meine Farbe, finden Sie nicht?«

Marie weiß, er muß jetzt etwas von ihr hören. »Paßt zu Ihren Augen, vermutlich *ist* Türkis Ihre Farbe.«

Er wirft ihr eine Kußhand zu, und sie gehen aus, essen Flußkrebse und trinken nur einen Mai Tai. Wenn Marie mit

Henry im Restaurant ißt, gibt es immer ein großes Trara um die Weinkarte, und sie muß ein Glas von etwas Bitter-Fadem trinken, damit er mit Genuß die anderen drei Gläser trinken kann. Henry macht sich über ihre Daiquiris und Singapore Slings lustig.

Nach dem triumphalen Erfolg ihrer Brautfrisur à la Botticelli bestellt Alvin Champagner aufs Zimmer, und als sie auf der winzigen Terrasse sitzen, trinkt er ihr zu: »Auf meine liebste Marie, die schönste Frau in North Carolina.«

Marie errötet vor Freude und schaut auf den Saum ihres elfenbeinfarbenen Bademantels.

»Was möchtest du jetzt gern?« fragt Alvin so leise, daß man nicht ganz sicher ist, ob sie verstanden hat.

»Ich habe alles, was ich mir wünsche. Es waren die drei wundervollsten Tage meines Lebens, und das alles verdanke ich dir.«

Alvin lächelt und küßt ihr die Hand.

»Was möchtest du denn?« fragt sie, *und* sie weiß, daß sie ihm geben möchte, was immer er auch sagt. Selbst wenn es Sex wäre, sie möchte es ihm geben, Henry ist jetzt unwichtig, unwichtig auch ihr eigenes bekanntes Desinteresse am Sex, das in diesem Augenblick in Auflösung gerät.

Alvin gesteht ihr, was er möchte, ist, ihre Kleidung anzuziehen, ihre Unterwäsche. Marie ist so schön, daß er fühlen möchte, wie es ist, sie zu sein, er will ihr noch näher kommen. Zuerst schaut er ihr direkt in die Augen, doch zum Schluß sieht er auf den Hof hinunter. Marie hat keine Ahnung, was sie sagen soll, sie weigert sich, die verletzenden Worte, die Henry gebrauchen würde, auch nur zu denken. Was immer Alvin möchte, sie möchte es ihm geben. Sie nickt zustimmend und hofft, das genügt.

Alvin geht zur Frisierkommode und nimmt sich ein Hemd heraus, einen Unterrock und eine Strumpfhose. Marie beobachtet die Wellen jenseits der Terrasse. Sie traut dem eigenen Gesichtsausdruck nicht.

Alvin verschwindet im Badezimmer, er will Marie nicht ängstigen, will sie beide nicht in Verlegenheit bringen. Er weiß, was er zu tun hat. Mit Bedacht legt er sich die Grundierungscreme auf, von der Kinnlinie aufwärts über die hohen Backenknochen, dann den Weg zurück bis zu den Ohren, und er vergewissert sich, daß der Übergang zum Hals nicht erkennbar ist. Er nimmt den neuen, spitzkantig rosafarbenen Lippenstift, malt sich die Lippen an, drückt sich ein Kleenex auf den Mund und geht ein zweites Mal mit dem Lippenstift darüber, damit die Farbe haftenbleibt. Er macht nicht viel mit seinen schmalen blauen Augen, bloß ein wenig dunkelbraunes Mascara und rötlichen Lidschatten, den zu verwenden er Marie beigebracht hat, um ihre Augen glänzender erscheinen zu lassen. Er rupft sich mit dem Pinsel einen Hauch von Rouge auf die Wangen.

Alvin hält inne, studiert sich im Spiegel, schließt die Augen etwas. Es gibt so vieles, das er nicht hinbekommt, jedenfalls jetzt nicht hinbekommt. Er holt die Perücke heraus, die er vor fünf Jahren in Deutschland gekauft hat, sechshundert Dollar für schönes blondes Langhaar, kein krauses Polyester, die Entscheidung irgendeines deutschen Fräulein sich in einem Sommer die Haare abzuschneiden, und das war das Ergebnis. Er zieht sich die Strumpfhose an und den Unterrock, das dazu passende Hemd, das zu kaufen er Marie überredet hat, in der Hoffnung, es mit ihr tragen zu können. Er hüllt sich in seinen marineblauen Bademantel aus Seide und holt die marineblauen Seidenslipper, die er sich gekauft hat, als er die elfenbeinfarbenen für Marie aussuchte. Er liebt Maries kleine runde Füße und erspart sich den Anblick der eigenen gutgeformten, aber zu großen Füße, wie sie in die hochhackigen Slipper gleiten. Wenn er mehr als Größe dreiundvierzig tragen müßte, würde er lieber barfuß laufen, als einer dieser riesenhaften Transvestiten zu sein, deren Hände mit den großen Knöcheln durch blaßrosa Nagellack bloß noch rührend sind und deren feiste Nacken unter sorgfältig geschlungenen Halstüchern versteckt werden. Alvin zwingt sich, nur an Marie zu denken, wie sehr sie ihn liebt und bewundert. Er weiß, daß sie es tut. Man kann eine Menge vortäuschen, wie Alvin weiß, aber Liebe nicht. Er zupft sich die Perücke zurecht, steckt seinen hellbraunen Pony darunter und geht aus dem Badezimmer, weg von dem Spiegel, auf Marie zu.

Marie hat das Licht abgedunkelt und die dünnen weißen Vorhänge zugezogen. Im goldenen Mondlicht sieht Alvin wirklich einen Augenblick lang wie eine hübsche Frau aus, mit breiten Schultern, einer schlanken Taille und langen Beinen unter dem raschelnden Seidenmantel.

»Du siehst schön aus«, sagt Marie.

»Marie, mein Engel, in diesem Moment fühle ich mich auch schön. Ich fühle mich wie du. Ich halte dich, wie du weißt, für eine wunderschöne Frau. Ich möchte gern, daß wir uns näher kommen. Ganz nah sein möchte ich dir, ja?«

Sie schauen sich direkt an, verströmen Unsicherheit und Zärtlichkeit. Alvin kniet sich hin, vorsichtig, hofft, daß er mit seinen hohen Absätzen nicht umknickt, und zieht Marie ihre elfenbeinfarbenen Slipper aus. Er nimmt Marie bei der Hand und legt sie auf die Tagesdecke. Marie entspannt sich ein wenig; wenn Henry mit ihr schlafen will, schlägt er immer die Bettdecke zurück.

Marie kann es nicht ertragen zuzusehen, wie Alvins rotgemalter Mund sich ihre Brust hinunterbewegt, aber sie reagiert auf dessen warme Form, drückend und sanft ziehend. Ihre Rückenmuskeln spielen, und ihre braunen Haare flattern wie Blätter eines kleinen bronzenen Baums im Wind. Als die Spitzen seines langen blonden Haars leicht über ihre Brust streichen, schaut Alvin gerade rechtzeitig hoch, um Maries kleines erstauntes Lächeln zu sehen, und er zieht sie näher an sich heran, öffnet ihren Bademantel ganz.

»Schön«, flüstert er.

»Schön«, sagt sie.

Licht dringt ein, wo keine Sonne scheint

Ich hatte nicht damit gerechnet, mich im Hinterraum von Mr. Kleins Laden zu finden, nur mit Unterhemd und Höschen bekleidet, umgeben von Zobel. »Zobel steht dir, Suseleh«, sagte Mr. Klein und drapierte eine Jacke mit Schalkragen um mich. »Paßt ideal zu deiner Haut und deinen Augen. Tausendmal am Tag müssen dir die Jungen das sagen. Was für eine Haut.«

Niemand außer Mr. Klein hatte jemals angedeutet, daß mein Äußeres erfreulich war. Meine Mutter, eine kleine Engländerin, hatte die Hälfte der Häuser auf Long Island mit kleinen englischen Übertöpfen und Porzellanhunden ausgestattet, und sie kaufte mir Kleidung bei Lord & Taylor's Pretty Plus und schaute in die andere Richtung, wenn die Verkäuferinnen mich im piekfeinen marineblauen Kleid oder karierten Trägerrock aus der Kabine zerrten. Meine Augen, mandelförmig und dunkel, waren hinter einer verschmierten Brille mit rosarotem Gestell verborgen, und mein cremefarbenes wogendes Fleisch war zu sehr Erinnerung an verstorbene rumänische Verwandte und Fotos auf dem Dachboden, um reizvoll zu sein.

Ich stand auf einem kleinen Samtschemel und führte Mr. Klein Pelzmäntel vor. Er hatte angeregt, ich sollte doch meine grüne Kordhose, in der ich ständig herumlief, und das Kapuzen-T-Shirt ausziehen, damit wir sehen konnten, wie die Mäntel tatsächlich wirkten. Ich hatte mich einverstanden erklärt, täuschte nur ein kurzes Zögern vor und konnte sehen, wie sich sein dünnes graues Gesicht in die Breite zog und rot wurde. Ich fühlte, wie die Wärme, die mir das Zusammensein mit ihm verschaffte, in die Brust strömte. Er gab mir auch belgische Schokolade, denn er war der Meinung, die von Hershey's sei nicht gut genug für mich, und er sagte, wenn Gott ihn und Mrs. Klein nur mit einer so wundervollen Tochter, wie ich es sei, beglückt hätte, wäre er wahrhaft glücklich, *kayn ahora.* Meine Mutter sagte mir nie, daß ich wundervoll sei. Und niemand hatte je gehört, daß mein Vater, der meine Mutter wegen ihrer Zierlichkeit und ihres Akzents bewunderte, Gott dafür dankte, mich geschenkt bekommen zu haben.

»Den als nächstes, Suseleh.« Mr. Klein reichte mir einen schmal geschnittenen Nerzmantel und setzte mir die passende Mütze dazu aufs ungewaschene Haar.

»Das ist meine Größe. Tragen denn Kinder Nerzmäntel?«

Wenn man sich schon feinmachen mußte, dann mit Nerz. Der war viel besser als meine kratzende marineblaue Wolle, dazu gedacht, pummlige jüdische Mädchen in blasse viktorianische Mündel zu verwandeln. Der Pelz streifte mein Kinn, und ohne meine Brille (Mr. Klein und ich stimmten darin überein, daß es eine Schande war, meine hübschen Augen zu verbergen, und so steckten wir meine Brille während der Vorführungen in seine Manteltasche) kam ich mir unwiderstehlich russisch vor. Ich konnte fast nichts erkennen. Er rückte mir die Mütze schräger hin, trat zurück und bewunderte mich, nacktfüßig und nerzbehangen wie ich war.

»Vollkommen. So sollte ein Pelzmantel bei einem Mädchen aussehen. Keine dürre Bohnenstange in Kaninchen. Das hier ist ein Ensemble.«

Ich drehte mich, um mich von hinten zu sehen, jedenfalls das, was ich sehen konnte: ein braunes Dreieck gekrönt mit einem weiß verschwommenen Fleck und noch einem Braunklecks.

Ich führte zwei weitere Mäntel vor, einen amerikanischen

Zuchtnerz, der Mr. Klein wegen seiner unordentlichen Nähte verdroß, und ein Fuchscape, das uns beiden ein Lächeln entlockte. Selbst Mr. Klein meinte, bodenlanger Silberfuchs sei ein wenig zuviel des Guten.

Wie immer wandte er mir den Rücken zu, als ich die Jeans und das Sweatshirt anzog. Ich setzte mich auf einen der zierlichen rosafarbenen Samtstühle und schlüpfte in die Turnschuhe, während er die Mäntel weghängte.

Wir redeten nichts auf der Heimfahrt. Ich aß meine Schokolade, und Mr. Klein stellte WQXR an, das einzige Mal, daß ich je mit Vergnügen klassischer Musik zugehört habe. Mr. Klein fuhr langsam in unsere Auffahrt und versuchte, gleichgültig dreinzuschauen. Ich glaube, wir rechneten beide immer damit, daß meine Eltern eines Montags aus dem Haus gestürzt kamen, entsetzt und auf Rache sinnend.

Ich ging rein, und meine Schnürsenkel schleiften über den unebenen, glasierten Backstein des Korridors. Konnte irgend etwas weniger einladend sein als eine Diele mit Backsteinboden? Er drückte in meine Fußsohlen, und jeder Gegenstand, den man fallen ließ, zersprang darauf, für immer verloren.

Ich erinnere mich nicht, welche der Reinmachefrauen mich grüßte. Wir schienen abzuwechseln zwischen älteren Irinnen, die aussahen, als wären sie dazu geboren, die Welt vom persönlichen Dreck fauler Leute zu befreien, und Bolivianerinnen mittleren Alters, die sich stumm an Staub und Fingerabdrücke heranpirschten. Ich kann mich nicht an das Gesicht erinnern, das aus dem Wäschezimmer auftauchte, um meine Existenz anzuerkennen, ich weiß nur, daß jemand mich hereinließ. Ich hatte bis neunzehn keinen Hausschlüssel.

Jedes Essen war ein kleiner Horror; Bemerkungen zu meinen Eßgewohnheiten fielen, danach redete meine Mutter von Politik und Innendekoration. Das Repertoire meines Vaters war eingeschränkter. Er sprach über seine Klienten, deren Scheidungen und deren Bankkonten. Ich zog mich auf mein Zimmer zurück, angeblich um Hausaufgaben zu machen, und las in meinen Romanen. In meinem Zimmer war ich Scarlet Pimpernel. Manchmal Sydney Garton, ab und zu auch Tarzan. Beim Einschlafen träumte ich vom neunzehnten Jahrhundert, meinen ältesten und größten Teddybär fest zwischen den Beinen.

Mr. Klein wohnte zwei Häuser weiter und fuhr gewöhnlich an mir vorbei, wenn ich zur Bushaltestelle ging. Jedesmal, wenn ich die Haube seines altmodischen, blauen Riesencadillac langsam vorbeigleiten und anhalten sah, machte ich einen Satz nach vorn, warf meine Schulbücher auf den Vordersitz und ersparte mir so einen weiteren Tag mit dem Schulbus. Wer jemals Außenseiter gewesen ist, kann sich vorstellen, was so eine Busfahrt bedeutete. Wer nicht, wird meinen, ich übertreibe, selbst jetzt noch, und daß ich weniger Zeit damit hätte verbringen sollen, mich selbst zu bemitleiden, und dafür mehr damit, freundlich zu sein.

Er setzte mich vor der Longview Elementary School ab, wo die Busse all die Kinder ausspuckten, denen auszuweichen mir bis dahin geglückt war.

An den Vormittagen, wo Mr. Klein nicht erschien, machte ich mich so unscheinbar wie möglich und sorgte mich um ihn, bis mich der Unterrichtsalltag ergriff, nur in den Pausen war ich wieder ungeschützt. Die beiden ersten Tage im Kindergarten hatten mich gelehrt, immer ein Buch dabeizuhaben, und sobald ich einen Busplatz die Treppe rauf auf dem Oberdeck gefunden hatte, mußte ich bloß auf die klaren schwarzen Buchstaben schauen und die glatte elfenbeinfarbene Seite, und schon war ich weggezaubert aus dem, was als mein wirkliches Leben galt.

Unser erster Ausflug zu »Pelze von Klein« war zufällig und ließ kaum auf unsere späteren gemeinsamen Nachmittage schließen. Mr. Klein war auf dem Nachhauseweg von der Schule an mir vorbeigefahren. Nachdem mir seit Schulbeginn bereits zwei Notizbücher abhanden gekommen waren, hatte ich fieberhaft die Flure nach meinem dritten abgesucht, einem mit knallrotem Leineneinband, der es leichter wiederfindbar machen sollte; und hatte so den Bus verpaßt. Ich ging zu Fuß heim, einige Kilometer durch feuchte rauchfarbene Laubhaufen hindurch und über zahllose smaragdgrüne Rasen. Niemand wußte, daß ich gerne so lief. Mr. Klein fuhr vor mir rechts ran und winkte schüchtern. Ich rannte hin, zu Tränen gerührt über ein Lächeln, das ich vom Bürgersteig aus sehen konnte.

»Ich nehme dich im Auto mit, muß aber erst noch mal zurück zum Laden, habe da was vergessen. Ist das recht?«

Ich nickte. Es konnte nicht besser sein; vielleicht brauchte ich nie mehr nach Haus. Er hätte mich nach Mexiko fahren können, Nacht um Nacht über die Prärie, und ich hätte nichts dagegen gehabt.

»Pelze von Klein« war an der Ecke vom Shore Drive, die geschwungenen, rosagetönten Schaufenster und die schwarzlackierten Verandatüren der Inbegriff von vorstädtischer Eleganz. Im Innern standen Schneiderpuppen, sechs rosarote Samttorsos, jeder einzelne mit Pelzen behängt. Wohin ich auch blickte, Spiegel, außerdem ein paar dünnbeinige Stühlchen.

An den Wänden reihenweise Mäntel, Jacken und Capes. Über ihnen, auf transparenten Hälsen schwebend, die Hüte.

Mr. Klein beobachtete mich. »Nur zu«, sagte er.

»Alle Damen mögen Hüte.« Er zog ein paar herunter und verschwand diskret in den hinteren Arbeitsraum. Ich probierte einen schwarzen Topfhut mit getüpfeltem Schleier und dann einen irischgrünen, weichen Filzhut mit braunen Steckfedern im Band.

Mr. Klein tauchte aus dem Hintergrund auf, die Hände in den ausgebeulten Taschen seiner grauen Hose.

»Komm, Susie, deine Mutter macht sich sicher schon Sorgen um dich. Laß die Hüte einfach so liegen, ist schon in Ordnung. Montags ist frei, die Mädchen räumen sie morgen weg.« Er knipste die Beleuchtung aus und hielt die Tür für mich auf.

»Meine Mutter ist nicht zu Hause. Ich bin eine richtige Waise, adoptieren Sie mich.«

»Tja, ich bin so zerstreut, Mrs. Klein sagt, deine Mutter ist eine berühmte Innendekorateurin. Natürlich, sie ist unterwegs zum Dekorieren.«

Er lächelte fast unmerklich, und ich lachte laut heraus. Er war auf meiner Seite.

Fast jeden Morgen nahm er mich jetzt im Auto mit zur Schule. Und ohne daß wir irgendwelche Abmachungen getroffen hätten, an die ich mich erinnern könnte, wußte ich, daß ich Montag nachmittags meinen Bus verpaßte und er mich aufgabelte, wenn ich die Baker Hill Road entlangging. Ich leistete ihm Gesellschaft, während er irgendwas im hinteren Zimmer erledigte, und probierte Hüte auf.

Nach einigen Montagen faßte ich die Mäntel ins Auge.

»Wenn du erwachsen bist«, sagte er, »wirst du natürlich deinem Mann sagen: ›Kauf mir einen Zobel von Klein. Von Klein muß er sein, sonst keinen.‹«

Er wedelte ernst mit dem Finger, zeigte mir so, wer ich sein würde: eine hübsche junge Frau mit einem reichen, nachgiebigen Mann. »Ich werde dir behilflich sein.«

Mr. Klein streifte mir eine helle Nerzjacke übers Sweatshirt und bewunderte mich lauthals. Bald danach hörte er auf, im Arbeitsraum zu verschwinden, und wenig später schon begann ich mich auszuziehen. Die Freude in Mr. Kleins Gesicht ließ mich alles vergessen, was ich aus den leise geführten Gesprächen meiner Eltern herausgehört hatte, und auch alles, was ich selbst im Spiegel gesehen hatte. Ich zog es vor, Mr. Klein zu glauben.

Zu Hause hörte ich klassische Musik, um das Gefühl von Mr. Kleins kühlen Fingerkuppen auf meinen Schultern heraufzubeschwören, die mich zart berührten, bevor sich das Satinfutter herabsenkte.

Mein Vater ließ vage anerkennende Töne hinter dem Wall Street *Journal* vernehmen.

Ich lag auf dem Wohnzimmerboden hinter der größten Couch und sah mich im Geiste Klavier spielen, erwachsen und wohlgerundet. Ich trage ein langes Kleid, das ich an Marilyn Monroe gesehen habe, anschmiegsamste Gaze, mit glitzernden Steinen besetzt, die sich über meine Brustspitzen hinaufziehen und zwischen meinen Beinen hindurch. Ich schreite langsam über die Bühne, wobei der breite Saum meines Zobelcapes eine Folge dunkler runder Wellen formt. Ich reiche das Cape meinem Bewunderer Mr. Klein, leicht verschönert und elegant im Smoking, der dem meines Vaters genau gleicht.

Meine Mutter stieg über mich hinweg und blieb dann stehen. Direkt vor meinen Augen waren die Spitzen ihrer zierlichen rosaroten Wildledertrotteurs, und ich hatte nichts gegen diese Position. Ihre runden blauen Augen und ihre Angst vor Falten machten ihren Blick so hart und eindringlich wie den der augenlosen Griechenköpfe, die sie im Arbeitszimmer meines Vaters postierte.

»Mit was beschäftigst du dich zur Zeit, Susan?«

Ich konnte mir nicht denken, was dieses Interesse ausgelöst haben mochte. Meine Mutter verhielt sich immer so, als wäre ich von einer verantwortungsbewußten und rundum freundlichen Gouvernante aufgezogen worden, und Schuld und Liebe waren in meinem Zuhause so unbekannt wie Butter und Zucker.

»Schule, Bücher.« Ich studierte die Goldriemchen über den Zungen ihrer Schuhe.

»Und geht alles gut?«

»Bestens. Alles bestens.«

»Du hättest nicht Lust, ein Instrument zu lernen? Klavier? Wir könnten durchaus ein Klavier in die Bibliothek stellen. Das könnte reizvoll sein. Ein älteres Stück, tiefe Brauntöne, ein kastanienbraunes, türkisch gemustertes Umhängetuch, silberne Bilderrahmen. Sehr reizvoll.«

»Ich weiß nicht. Kann ich mir das überlegen?« Ich hatte

nichts dagegen, von meiner Mutter zum Bestandteil der ständig wechselnden Raumdekorationen gemacht zu werden; in der Vergangenheit hatte ihre häusliche Phantasie ein extra großes Messingbett abgeworfen, das ich liebte und bis zum Erwachsenwerden behielt, und ein riesiges Puppenhaus, komplett mit funktionierendem Licht und einer richtigen Türklingel.

»Natürlich, überleg es dir. Entscheiden wir's nächste Woche, okay?« Sie wollte schon mein schmutziges Haar berühren, tätschelte mir dann aber statt dessen die Schulter. Ich habe keine Ahnung, was sie von mir dachte.

Ich sah Mr. Klein erst am darauffolgenden Montag. An vier Tagen hatte ich die Bushaltestelle morgens durchstehen müssen: Blätter wurden mir ins Hemd gestopft, meine Bücher in den Mülleimer geschmissen, mein Essenspaket von einem Jungen zum anderen geworfen. Glücklicherweise war der Busfahrer ein Verrückter, und sein wütendes Gemurmel und seine obszönen Limericks zogen alle Aufmerksamkeit auf sich, die sonst womöglich mir zuteil geworden wäre, sobald wir im Bus saßen.

Am Montag dann regnete es, und ich fragte mich, ob ich nicht doch den Bus nehmen sollte. Ich hatte nie darüber nachgedacht, daß Mr. Klein und ich keine Möglichkeit hatten, uns miteinander in Verbindung zu setzen. Ich konnte nur wortlos warten.

Ich zog mir die Kapuze über den Kopf und marschierte die Baker Hill entlang, wartete darauf, daß ein blauer Streifen an meiner linken Seite vorbeizog, wartete auf das leichte Wegrutschen von nassem Laub, wenn Mr. Klein zum Anhalten bremste. Endlich, als ich schon viel näher als sonst an meinem Haus war, kam der Wagen.

»Du bist ja fast schon da«, sagte er. »Vielleicht sollte ich dich gleich heimbringen? Wir können auch ein anderes Mal zum Geschäft fahren.« Er sah gehetzt und unglücklich aus.

»Klar, wenn Sie keine Zeit haben, ist das okay.«

»Ich habe Zeit, Susie. Ich habe Zeit.« Er wendete den Wagen und fuhr uns zurück zu »Pelze von Klein«.

Ich stieg aus und wartete im Regen, während er die großen schwarzen Türen aufschloß.

»Du bist triefnaß«, sagte er schroff. »Du hättest den Bus nehmen sollen.«

»Ich hab ihn verpaßt«, log ich. Wenn er nicht zugab, daß er wollte, ich sollte den Bus verpassen, würde ich auch nicht zugeben, daß ich den Bus wegen ihm verpaßt hatte.

»Ja, du verpaßt den Bus, und ich nehme dich im Auto mit. Suseleh, du bist etwas ganz Besonderes, und im Laden von einem alten Mann herumzustehen, dazu in nassen Kleidern, ist nicht gerade das, was du tun solltest.«

Normalerweise stand ich da herum ohne überhaupt etwas an, aber ich sah schon, daß Mr. Klein wie die meisten Erwachsenen sich jetzt an seine Version des Textes hielt.

Ich setzte mich unbehaglich an das Tischchen mit dem vergoldeten Drehspiegel, bereit, Hüte zu probieren. Ohne die Ermunterung von Mr. Klein würde ich nicht mal einen Blick auf die Mäntel werfen. Er reichte mir nicht einen einzigen Hut.

Er preßte sein dünnes, scharfes Gesicht tief in die Seite meines Halses, wobei er mein Sweatshirt mit einer Hand beiseite schob. Ich schaute in den Spiegel und sah mein eigenes rundes, nasses Gesicht, komisch mit dem überraschten Ausdruck und der rosa Brille. Ich sah Mr. Kleins krauses Grauhaar und eine kahle Stelle auf seinem Kopf, die ich sonst nie entdeckt hätte.

»Hol deinen Mantel.« Er rieb sich das Gesicht mit beiden Händen und ging zur Tür.

»Ich habe keinen Mantel.«

»Sie lassen dich in den Regen raus ohne Mantel? *Gottenyu.* Gehen wir, bitte.« Er hielt mir die Tür auf, und ich mußte durch.

Diesmal gab's nicht die übliche belgische Schokolade. Es war eine Schachtel in Goldfolie mit rosafarbenen und goldenen Bändchen, obendrauf ein Büschel funkelnder Goldbeeren. Er ließ sie in meinen Schoß fallen, als wäre es etwas Krankes.

Ich hielt die Schachtel im Schoß und strich über die märchenhaften Bändchen, bis er mir sagte, ich solle sie aufmachen.

Jede der sechs Pralinen hatte oben eine Verzierung. Drei Milch, drei halbsüß, alle mit Engelflügeln, einem Herzen oder einem weißrandigen Röschen.

Im fettfreien Zuhause meiner Eltern galten meine Eßgewohnheiten als kriminell. Sie hätten mir genausowenig eine schöne Pralinenschachtel gekauft wie einem Killer eine in Geschenkpapier eingewickelte Pistole.

»Suseleh...«

Er sah aus dem Fenster in den Regen, und ich blickte rasch zu ihm auf. Offensichtlich hatte ich etwas falsch gemacht, und wenn mich Ärger und Kummer meiner Eltern auch durchweg kaltließen, sein Unglücklichsein machte mir das Herz schwer. Ich zerdrückte eine der Pralinen mit den Fingern, und Mr. Klein bemerkte es.

»Na, na«, sagte er leise und wischte mir die Finger mit seinem Taschentuch ab. Er räusperte sich. »Mein Zeitplan ändert sich, ich werde dich nicht mehr nach der Schule im Auto mitnehmen können. Ich werde das Geschäft montags aufmachen.«

»Und wie ist es in der Frühe?« Ich hatte nicht gewußt, daß ich bei all dem Schmerz reden konnte.

»Ich glaube nicht. Ich muß auch ein bißchen früher anfangen. Es ist doch nicht so schlimm, mit den anderen Jungen und Mädchen zu fahren. Du wirst sehen, es wird dir gefallen.«

Ich saß da und zermantschte mißmutig und ostentativ die Pralinen.

»Das ist wirklich schade, so köstliche Pralinen. Von Teuscher. Denk dran: Zobel von Klein, Pralinen von Teuscher. Nur das Beste für dich. Ich sage dir, nur das Beste.«

»Mir wird's im Bus nicht gefallen.« Die letzte Praline ließ ich heil; ich fuhr bloß mit der Fingerkuppe über die Fältchen der Rosenknospe.

»Vielleicht nicht. Ich hätte nicht sagen sollen, daß es dir gefallen wird. Tut mir leid.« Er seufzte und schaute weg.

Ich knabberte an der letzten Praline. »Hier, auch für Sie ein Stückchen.«

»Nein, sie sind für dich. Sie sind alle für dich.«

»So hungrig bin ich nicht. Da.« Ich hielt ihm die Praline hin, worauf er den Kopf zu mir hinsenkte, was mich etwas erschreckte. Ich führte meine Finger zu seinen schmalen Lippen hoch, und er nahm die Praline geschickt zwischen seine Zähne. Ich konnte seine Zahnkanten an meinen Fingern spüren.

Wir hielten bei mir zu Hause an, und er legte seine Hand über meine, bloß einen Augenblick lang.

»Ich sage es noch einmal: Nur das Beste ist gut genug für dich. Und somit sagen wir au revoir, Susan. Und nicht Lebewohl.«

»Au revoir. Vielen Dank für die Pralinen.« Die mütterliche Erziehung kam manchmal an seltsamer Stelle zum Vorschein.

Ich ließ meine triefenden Turnschuhe auf dem Backsteinboden stehen und warf mein nasses Zeug in den lila Wäschekorb in meinem Badezimmer. Ich duschte mich zum ersten Mal freiwillig und ließ mich langsam trocknen, dabei schaute ich in den beschlagenen Spiegel. Als ich nicht zum Essen erschien, kam meine Mutter und fand mich nackt und ruhig unter der Bettdecke vergraben.

»Legen wir uns das Klavier zu«, sagte ich.

Ich hatte drei Jahre lang Unterricht bei Mr. Canetti, und er offerierte mir Plätzchen mit Weingeschmack statt Schokolade. Eines Tages beugte er sich nach vorn, um mir die Ärmel über meine schmerzenden Handgelenke hochzuschieben, und ich sah, wie mein schönes Ich in seinen Augen Gestalt annahm.

Ich liebte auch ihn.

Semper Fidelis

Ich gehe abends einkaufen. Donnerstag abends winke ich der Krankenschwester auf Wiedersehn zu und tue beim Losfahren so, als bliebe ich lieber. Das neue Einkaufszentrum hat drei Warenhäuser, ein Kino und Hunderte von kleinen Läden, und ich bin schon in allen gewesen, außer im »Compleat Sportsman«. Ich verstehe es selbst nicht, aber ich kann einen Film nicht bis zu Ende ansehen, wenn ich weiß, ich sollte beim Einkaufen sein. Ich esse warme Erdnußbutterplätzchen und bummle fast zwei Stunden herum, stöbere dabei durch die mickrigen Jazzabteilungen der Plattenläden und blättere in Bestsellern. Um halb zehn, wenn das Einkaufszentrum schließt und nur noch ich, umherziehende ältliche Leute und junge Sicherheitsbeamte übrigbleiben, gehe ich Lebensmittel einkaufen.

Rund um die Uhr geöffnete Lebensmittelläden sind anscheinend persönliche Rettung und Lieblingsort von leicht weggetretenen jungen Frauen aller Hautfarben, die ihre verknautschten Babies wie Sonderartikel im Einkaufswagen schlafend herumtransportieren; von Singles, Männern und Frauen mittleren Alters, die zu gesund und zu einsam sind, um Punkt zehn einschlafen zu können; und von Leuten wie mir, die Angst haben, nach Hause zu gehen. Ich glaube, und manchmal wünsche ich es mir sogar, daß mein Mann stirbt, während ich auf einer meiner Donnerstagsabend-Einkaufstouren bin.

Max und ich sind fast zehn Jahre zusammen, damals war ich achtzehn und er fünfzig. Wir sind nicht länger ein Skandal oder eine Tragödie. Die Freunde seiner Frau und die anderen Zeugen sind fortgezogen, verstummt oder Freunde geworden, die eingeschränkte Auswahl einer Kleinstadt. Max und ich sind beinahe stinknormal, interessant nur durch unsere Vergangenheit und ihren Tribut. Frauen, die mir vor zehn Jahren bei quälend stummen Einladungen zum Abendessen in die Suppe gespuckt hätten, es womöglich getan haben, bringen mir jetzt püriertes Gemüse für Max mit und Artikel über die Aprikosenkern-Kliniken in Mexiko. Ich bin Ehefrau geworden, werde bald Witwe, und ich fühle mich nach zehn Jahren Ehe hilfloser und unwissender als mit achtzehn, wo ich mit zwei T-Shirts, einer Schachtel mit Platten und ohne Schuhe zu Max in die Wohnung zog. Bei unserem ersten Ausflug stellte Max mich dem Vorsitzenden seines Fachbereichs vor und kaufte mir Turnschuhe.

Er ist schon drei Wochen lang nicht mehr aus dem Bett gekommen, und er hat seit dem Morgen nicht gesprochen. Ich habe mir immer vorgestellt, einmal eine Witwe à la Audrey Hepburn zu sein, langhalsig und blaß in einem engen schwarzen Leinenkleid. Statt dessen ertrinke ich fast in einem Fluß aus Zucker und hülle mich in alte Trainingshosen und Flanellhemden von Max. Ich putze mich nur Donnerstag abends heraus, mit einem übergroßen Sweatshirt und schwarzer Strumpfhose, und mit den hochhackigen schwarzen Stiefeletten betone ich meine Beine. Ich habe mich nie zuvor im Leben so angezogen, und ich bin froh, wenn ich wieder in Turnschuhe und Jeans schlüpfen kann, bevor ich ins Haus gehe.

Ray im Deli Counter ist der, den ich gesucht habe. Er hat zuerst meine Stiefel bewundert und dann meine ganze Aufmachung, und nach drei Donnerstagen fühlte ich mich verpflichtet, mir ein neues Oberteil für ihn zu kaufen, damit er was zum Glotzen hat, und er lehnte sich über den Ladentisch, um mir zu sagen, wie gut es ihm gefiel, und zwinkerte mir zu, als er zurück an die Arbeit ging.

Ray kann nicht älter als zweiundzwanzig sein, und ich vermute, er ist ein Süchtiger auf dem Weg der Besserung, da er zur Zeit wie die Gesundheit in Person aussieht und Dinge sagt wie »immer sachte« und »eins nach dem andern«, die auch mein Bruder, ein noch nicht auf dem Weg der Besserung befindlicher Alkoholiker, von sich gibt, wenn er anruft, um mir Gutes zu wünschen oder sich Geld zu leihen.

Ich glaube, Ray ist die richtige Wahl. Ich glaube, wir würden weder über Poesie, Symbolismus, Chemotherapie noch über die Vergangenheit sprechen, und ich glaube, ich würde ein Bier wollen und er nicht, und ich würde meine Hand auf seinen dicken Oberschenkel legen, bis ich spürte, wie sich der Stoff unter meinen Fingern spannte, und wenn wir's hinter uns hätten, würde ich aus seinem Lieferwagen steigen oder aus seinem Zimmer im Haus seiner Mutter und ihm von Herzen danken und nach Hause zu Max gehen.

Ich komme heim und sehe die Krankenschwester über Max gebeugt, sie streicht sein Bettzeug glatt, während ihre großen weißen Nylonbrüste leicht hin und her schwingen und sein Gesicht beschatten. Er lächelt, und ich sehe, daß er meine Anwesenheit nicht bemerkt, die Schwester sehr wohl.

»Die Perlen«, sagt sie und setzt die Unterhaltung fort, »waren äußerst wertvoll, und ungeachtet des Testaments sind wir beide, meine Schwester und ich, der Meinung, daß sie uns hätten zufallen sollen.

Die Perlen unserer Mutter hätten uns zufallen sollen, da sie uns bereits gehörten.«

Ich kann nicht im entferntesten verstehen, wovon sie redet, es klingt aber gefährlich metaphorisch.

Vielleicht stehen die Perlen für Maxens Gesundheit oder seine erste Ehe oder unseren Schwur, einander treu zu bleiben: Dinge, die für immer verloren sind und mehr geschätzt werden, wenn sie fehlen, als wenn sie präsent sind. Ich möchte, daß sie den Mund hält, möchte sie davon abbringen, uns beide zu quälen, aber Max lächelt wieder, und sein knochiges graues Gesicht bekommt unversehens weichere Züge, und sogar ich bemerke, daß er nicht gequält wird. Ich klopfe gegen den Türrahmen, und mir ist bewußt, daß Max in seinem jetzigen Zustand zu unschuldig ist und die Krankenschwester zu sehr mit sich beschäftigt, um die Ironie, die in meinem Anklopfen liegt, zu würdigen. Ich spiele eine Rolle ohne Publikum, und das seit einiger Zeit. Wenn man sich selbst bemitleidet, kann es dann noch eine Tragödie sein? Oder ist man zu einem ziemlich uninteressanten zweiten Hauptdarsteller herabgesunken, Hintergrund für die Helden, blind und schön, mutig das Messing putzend, während das eisige Wasser bereits ihre Knöchel umspielt? Mir scheint – und ich wäre nicht traurig, das herauszufinden –, ich bin verschwunden.

»Liebste«, sagt er, und die Krankenschwester runzelt die Stirn.

»Er hat schon nach Ihnen gefragt«, sagt sie, und ich verzeihe ihr ihre Bissigkeit, weil sie sich um ihn zu kümmern scheint, weil sie spürt, es macht etwas aus, daß er mich vermißt. Die anderen Schwestern sorgen sich dienstbeflissen um seine Gesundheit, seine Krankheit; seine Gefühle sind nur Symptome für sie. Einen Augenblick lang liebe ich sie, weil sie ihn liebt; er hat mich dazu gebracht, Leute zu lieben, die ich nicht mögen würde, wenn er am Leben bliebe.

»Dawns Mutter ist vor kurzem gestorben, hat sie mir erzählt.«

Bewegt von Liebe und gerührt von seinem Versuch, uns zusammenzubringen und für sich zu behalten, lächle ich Dawn an. »Das tut mir aber leid«, sage ich in dem Versuch, gut zu sein. »Ich habe meine Mutter im letzten Jahr verloren. Und ich habe auch eine Schwester.« Gut so! Mir fallen keine weiteren überraschenden Übereinstimmungen ein, die uns zusammenbrächten.

»Meine Schwester ist meine beste Freundin«, sagt Dawn, die im Sessel nahe am Bett sitzt wie eine Besucherin, die gerade bei Max vorbeischaut.

»Meine auch.« Erstaunlich. Dawn und ich müssen direkt nach der Geburt voneinander getrennt worden sein.

Meine Schwester Irene *ist* meine beste Freundin, und während mein Vater weinte und meine Mutter Glückwünsche über einen Whisky Soda hinweg murmelte, lotste mich meine Schwester nach oben in ihr früheres Zimmer, um über meine Heirat mit Max zu reden.

»Du kannst jeden kriegen, das weißt du. Selbst nach all dem hier. Du kannst auf eine Schule in Kalifornien überwechseln, und keiner wird je davon erfahren. Du mußt ihn nicht heiraten.«

»Ich liebe ihn, Reen. Ich möchte ihn heiraten.«

»Okay. Okay, ich werde da sein. Zumindest wird er dich nicht einer jüngeren Frau wegen verlassen.

Nicht, ohne verhaftet zu werden. Soll's der Friedensrichter sein oder was mit Schleier und Schleppe?«

»Der Friedensrichter. Mittwoch.«

»Ist gut. Wie wär's mit einem Kostüm? Einem Seidenkostüm, Rosen im Haar? Es wird dich nicht umbringen, einen Schönheitssalon aufzusuchen.«

Und meine Schwester brachte mich dazu, mir in nicht mal achtundvierzig Stunden die Beine enthaaren, die Poren reinigen und die Augenbrauen zurechtzupfen zu lassen. Auf den Fotos sehe ich strahlend aus, nur ein klein wenig zu jung für das elfenbeinfarbene Seidenkostüm, das Irene in nicht mal fünfundvierzig Stunden aufgetrieben, dem Mannequin praktisch mit den Nadeln vom Leib gerissen und bezahlt hatte. Ich habe elfenbeinfarbene Rosen im hochgebürsteten schwarzen Haar, und Max lacht in die Kamera, die sein bester Freund hält, der den ganzen Nachmittag über erstaunt blickt und liebenswert und betrunken ist. Meine Schwester sieht wie die Brautmutter aus, erschöpft, wachsam, doch weitgehend zufrieden. Meine Eltern waren nicht da, weil ich sie trotz aller Bitten von Max nicht eingeladen hatte.

Ich hätte sie einladen sollen. Ich bin bald dreißig, und wenn ich es mir recht überlege, sollte man, wenn man im Zweifel ist, jemanden einzuladen, es dennoch tun, egal, wer es ist. Die fernen Verwandten, die Cocktail-Getreuen, die Freunde, die zwei Jahre nacheinander keine Weihnachtskarten geschickt haben. Lade sie ein, solange du's kannst.

Dawn steht auf, will gehen, und ich kann sehen, daß sie Max nicht liebt; er ist bloß ein besserer Durchschnittsfall, macht weniger Mühe als manch anderer. Ich darf sie ungeniert hassen, und ich bringe sie zur Tür und öffne sie für sie, ohne etwas zu sagen, eine Form zivilisierter Grobheit, die ich meiner Mutter abgeguckt habe.

»Komm her«, sagt Max, aber ich kann nicht in diesem Bett liegen.

»Ich nehme das Feldbett.« Als wir das Krankenhaus verließen, riet mir eine kluge, zornige Frau aus der Psychogruppe, ich solle mir so etwas zulegen, und sie tat nicht mal so, als hörte sie zu, als ich sagte, wir würden weiterhin das Bett teilen.

»Zieh dich langsam aus, Liebste. Ich hab noch Augen im Kopf.«

In den Büchern, die ich vor ihm verstecke, Anleitungen zum Trauern, Ratgeber für Witwenschaft und die Zeit davor, erwähnen die Autoren mit Behutsamkeit, daß gewöhnlich der gesunde Eheteil wegen des mangelnden sexuellen Interesses von seiten des Sterbenden verletzt und frustriert ist. Das scheint bei uns nicht der Fall zu sein.

Ich werfe meine Kleidungsstücke ab und lege mich auf das Feldbett, wie eine Pfadfinderin, T-Shirt, Unterhose und Socken habe ich an. Ich höre ein naß blubberndes Geräusch, was jetzt seine Art zu lachen ist.

Max läßt eine kühle, zerbrechlich wirkende Hand auf meinem Bauch ruhen.

»Wie war der Supermarkt?«

»War okay. Ich hab Lebensmittel gekauft.«

»Und das Einkaufszentrum?«

»War prima. Hab Socken gekriegt.«

Er streicht mit zwei trockenen Fingerkuppen über meinen Bauch, und ich fühle, wie das Fleisch am Fingerende hinter dem Knochen herschleift. Ich möchte mich übergeben, und ich möchte weinen.

»Lernst du nicht mal jemanden kennen?«

»Wen denn?« frage ich. Trotz allem glaube ich nicht, daß Max eifersüchtig ist; wir haben uns nur die meiste Zeit mißverstanden. Er hat mich oft darauf hingewiesen, wenn wir von Partys nach Hause fuhren, daß er besonderen Wert darauf gelegt habe, die jüngeren Frauen nicht zu bewundern, die Leute sollten nicht denken, ich sei Teil seines Jugendkults und somit nicht einzigartig. Er sagte, die gleiche Rücksicht schulde ich ihm, und ich solle meine impulsive Sexualität verbergen, damit die Leute nicht glaubten, meine Ehe mit ihm sei nichts als eine hormongesteuerte jugendliche Unbekümmertheit. Wie oft haben wir uns darauf verständigt, daß er keineswegs eifersüchtig, unsicher, besitzergreifend sei, und das Gespräch übers Flirten müssen wir unzählige Male in unseren zehn gemeinsamen Jahren geführt haben.

Max knufft mich leicht. »Ich weiß nicht, irgendwen. Einen netten jungen Mann?«

»Nein. Niemanden.« Ich drehe mich zur Seite, außer Reichweite seiner Finger.

»Ist schon gut, sei nicht eingeschnappt. Dawn hat mir meine Medikamente schon gegeben. Gute Nacht, Schatz.«

»Gute Nacht.« Du sadistischer Dreckskerl.

Ich liege auf dem Feldbett und lausche seinen kreidigen, unregelmäßigen Atemzügen, bis er eingeschlafen ist, dann gehe ich nach unten und zahle Rechnungen. Sein Zimmer, unser Zimmer, füllt sich nachts mit einem dicken nassen Nebel aus dunklen Flüssigkeiten und unsichtbar tropfenden Wunden.

Noch etwas, was ich nicht ausspreche.

Am nächsten Donnerstag lächle ich Ray, der mit der zweiten Schicht von Käufern sehr viel zu tun hat, aufmunternd an. Ich ertappe mich dabei, wie ich mir hinter einem ganz dunklen Jungen eine Nummer ziehe, einem Jungen so dunkel, daß der Umriß seines braunen Körpers wie mit Kohle gezeichnet scheint. Alles ist Rundheit an ihm, hohe volle Karibik-Wangen, runde schwarze Augen, runde Arme und Schultern, die Hose vorn und hinten gerundet. Meine eigene Körperfülle ist geschrumpft und locker geworden, und mit jedem Jahr gleitet das Fleisch etwas mehr vom Knochen herunter. Ich möchte diesen Jungen wie eine Melone aufschneiden und essen, Stück für Stück. Ihn aufschneiden, ihn schmecken, ihn nehmen und ihn verletzen. Ich könnte Max erzählen, daß ich ihn jetzt besser verstehe als vor zehn Jahren, aber er würde empört sein, daß ich glaube, diese Mischung aus Gier und Groll gleiche seiner Liebe für mich. Ich bin nur empört über mich selbst; was ich diesem Jungen antun will, würde Max niemals tun.

Ray und ich tauschen hingebungsvolle, zärtliche Blicke; als Liebeskandidaten sind wir so zärtlich neckisch und wehmütig, daß es schon komisch ist, was wir einzig und allein wollen: uns besinnungslos ficken, und dann nichts wie weg, bevor es uns erwischt. Meine Einstellung ist nicht gerade löblich.

Ich gehe nach Hause zu Max und Dawn. Sie sitzt in meiner Küche und trinkt schlückchenweise Tee aus meinem Nixen-Becher, einem Geschenk von Max nach einer schrecklich verregneten Woche auf Block Island. Der blauschillernde Schwanz ist der Henkel, und Dawns Finger umklammern ihn.

Nachdem sie fort ist, fragt Max mich wieder.

»Ich lerne niemanden kennen, du meine Güte. Ich bin kein junges Mädchen. Ich bin achtundzwanzig Jahre alt und sehe wahrscheinlich wie neunzig aus. Wen soll ich da kennenlernen?«

»Einen könntest du schon kennenlernen. Sieh mich an. Ich bin sechzig. Ich bin bald ein toter Mann, von Krebs zerfressen, und ich habe Dawn kennengelernt.«

»Na prima. Hoffentlich werdet ihr glücklich miteinander.« Ich mache das Licht aus, damit er nicht sehen kann, wie ich mich umziehe, und ich frage mich, ob er Dawn dazu bringt, sich donnerstags für ihn auszuziehen.

»Komm schon«, sagt er, rundum von Kissen umgeben, damit er sich nicht hinlegen kann und die eigene Lunge ihn erstickt. »Sag mir. Warum solltest du nicht jemanden kennenlernen?«

Ich versuche, ihn im Dunkeln zu sehen, so, wie er ist, alles, was breit war und mit festen Knochen, ist jetzt am Rand durchsichtig, leicht vertieft und im Innern hohl.

»Wen sollte ich schon kennenlernen?«

»Einen gutaussehenden jungen Mann im Einkaufszentrum. Keinen Verkäufer, du hast nichts für Verkäufer übrig. Die bemühen sich so krampfhaft, nicht?«

»Ja.« Ich möchte ihm sagen, ruh dich doch aus, aber ich glaube nicht, daß ich das ihm zuliebe sagen werde.

»Groß und dunkel. Lieb, nicht allzu helle. Selbstverständlich nicht dumm, aber nicht intellektuell.

Kein Akademiker. Ich will dir den langen pedantischen Vortrag ersparen, du hast ja nur ein paar Stunden.«

»Gute Idee. Wie lange habe ich?«

»Du hast doch deinen Zeitplan besser im Kopf als ich. Zwei Stunden im Einkaufszentrum, anderthalb Stunden im Supermarkt. Aerobic können wir lassen, denke ich. Ich kann mir dich nicht mit einem Mann vorstellen, der Aerobic macht.«

Er hat recht. Ich mag sie groß und kräftig oder mager und geschmeidig, kann aber die Zwangsathleten nicht ausstehen, die ständig Puls, Bizeps und Cholesterinspiegel messen.

»Erzähl schon, Schatz. Erzähl mir von dem Mann, den du im Supermarkt kennengelernt hast.«

»Nicht im Einkaufszentrum?«

»Spiel nicht mit mir. Erzähl, was passiert ist.«

»Er hat dunkles Haar, aber mit heller Haut. Schwarzhaariger Ire und groß. Nicht riesig, dafür breit. Wie'n Schrank.« Mir wird klar, daß ich den Max beschreibe, den ich nur von Fotos her kenne, den großen wilden Jungen, der den einen Fuß angeberisch auf seinen Militärjeep stellt; der sich einige Jahre später durch Harvard boxt und wie ein Pirat grinst, da der Wind ihm die Enden seines Schals nach hinten weht.

»Weiter«, drängt Max.

»Ich treffe ihn tatsächlich im Supermarkt. Ich ziehe mich um, bevor ich hingehe.« Und ich sage Max die Wahrheit über meine Aufmachung, und er sagt: »Juhu!«, als ich zu den schwarzen Stiefeletten komme. Wir haben ein wenig Spaß in diesem schrecklichen Zimmer.

»Das wird ihn anmachen. Trägst du einen BH?«

»Also Max, natürlich trage ich einen BH.«

»Das bremst ihn. Na gut, hoffentlich ist es wenigstens einer deiner hübschen, nicht so eine Ace-Bandage. Wie wär's mit dem lilaschwarzen, der mit den Gucklöchern?« Max mag durchsichtige Seidenunterwäsche, und ich kaufe sie, aber ich trag nicht jeden Tag handgearbeitete, siebzig Dollar teure BHs und Strumpfgürtel. Meistens trag ich billige Baumwolldinger, die er haßt.

»Ja, den lilaschwarzen.«

»Und Unterhöschen?«

»Kein Unterhöschen,«

»Wunderbar. Das erste Mal, als ich die Hand auf deinen nackten Hintern legte, hab ich geglaubt, ich stürbe und wär bereits im Himmel. Und dann kriegte ich Angst, das sei gar nicht für mich, du würdest eben einfach nie ein Unterhöschen anziehen.«

»Max, du hast mich gebeten, ich sollte keins anziehen, erinnerst du dich? Ich hab sonst immer welche angehabt.« Ich hatte schon meine sexuellen Erfahrungen, mehr als genug, mit Jungen und auch mit mir selbst, als ich Max kennenlernte, hatte aber nie einen Liebhaber gehabt. Alles Wichtige, was ich weiß, über Literatur, über Menschen, über meinen eigenen Körper, habe ich von diesem Mann gelernt, und er verläßt mich auf die Art, wie wir beide es von mir erwartet haben, liebend, kummervoll, unwiederbringlich.

»Erzähl mir von diesem großen Kerl.«

»Großer Kerl«, so hab ich Max immer genannt.

Nachdem er mit einer Frau verheiratet war, die ihn »mein Lieber« nannte, und von hochgebildeten jungen Frauen verfolgt wurde, die ihn mit »Professor Boyle« anredeten und meinten, er sei Gott, fand er Bezeichnungen wie »großer Kerl« und »Macho« belebende Kosenamen.

»Er ist nachts der Geschäftsführer.« Ich habe Ray befördert; ich bin mir sicher, daß es jemand wie er mit seinem guten Aussehen und den angenehmen Manieren zum Geschäftsführer bringen wird; eine intime Begegnung mit Ray, dem ersten Roastbeef-Schneider, würde uns doch alle etwas herabwürdigen.

»Schön. Wo habt ihr es getrieben?«

»Mein Gott, Max, was ist los mit dir?«

»Mußt du fragen? Los, mach schon, werd jetzt nicht zimperlich. Wo habt ihr es getrieben?« Diese erzürnte, drängende Stimme hat mir immer Riesenangst gemacht, und ich kann es nicht ertragen, daß sie es nicht mehr tut.

»Wir sind zum Wadsworth Park gefahren.« Wo Max und ich immer hingingen, als ich noch bei meinen Eltern wohnte und er noch mit seiner damaligen Frau zusammenlebte. Erst vor kurzem, als ich seine Pillen aussortierte – oder war's, als ich sein mitgenommenes Gesicht rasierte –, hab ich mich bei dem Gedanken ertappt, so ist es, wenn man eine Ehefrau ist. Jetzt, da wir uns nicht in den neugierigen, erregten Blicken der anderen sehen können, schwinden die Unterschiede, die uns geprägt haben.

Wir sind nur noch ein Mann, der im Sterben liegt, und eine Frau, die es nicht tut.

»In einem kleinen Sportwagen?«

»Gar nicht übel.« Ich zögere, um Fehler zu vermeiden, ich habe Angst, daß ich nicht die richtige Geschichte erzähle.

»Ihr hattet eine Decke, und du hast nicht auf die Wanzen geachtet.«

»Max, was willst du von mir?«

»Ich möchte, daß du mir erzählst, was passiert ist, als ihr in den Wald kamt. Hast du ihn zu den großen Felsen am Fluß geführt?«

Der Wald ist zu beiden Seiten des Wassers ganz dicht und schirmt zwei genau gleiche Granitplatten ab. Wenn wir dort waren, drückte mich Max immer so weit nach hinten, daß die Enden meines Haars im kalten Wasser hingen und Blätter einfingen, während ich unter ihm lag.

»Gut. Wir sind zu den Felsen gegangen und haben uns geliebt. Dann habe ich mich umgezogen und bin nach Hause gekommen.«

»Erzähl mir das nicht so«, sagt er und beginnt leicht zu husten, sein ganzer Körper federt dabei auf der plastiküberzogenen Matratze. Er schläft ein, immer noch hustend, und ich gehe nach unten und tue nichts.

Den Rest der Woche nimmt er immer wieder Gespräche auf und läßt sie fallen, und Dawn erweist sich als sehr geschickt mit Spritzen und Bettbeziehen, was mich nicht überraschen sollte. Am Donnerstag kostümiere ich mich fürs Einkaufen, während Max mir zuschaut und aufmerksam lächelt.

Dawn liest in der Küche Illustrierte und wartet auf mein Verschwinden.

»Heute abend?« fragt er und bringt kaum die Worte über die Lippen.

Ich antworte nicht, schnüre mir nur die Stiefeletten und setze mich hin, um mir das Haar zu bürsten.

»Weißt du, an wen Dawn mich erinnert? Nicht der Teint, sondern die Figur? Eren Goknar. Erinnerst du dich?«

Ich erinnere mich und bürste mir weiter das Haar. »Ich frage mich, wo sie ist.«

»Weiß ich nicht. Vielleicht ist sie in die Türkei zurück.«

»Glaube ich nicht. Sie hat mir aus Kalifornien geschrieben, lehrt in Berkeley. Wundervolles Mädchen«, sagt er, wobei er sich mit jedem einzelnen Konsonanten abmüht. Ich gehe aus dem Zimmer.

Ich setze Wasser auf für mich und Dawn, dann eile ich zurück, um Max im Auge zu behalten, habe Angst, daß er stirbt, während ich wütend auf ihn bin.

»Bereit?«

»Ja. In ein paar Stunden bin ich zurück.«

»Ich habe mit Eren geschlafen«, sagt er und seufzt.

»Ich weiß«, sage ich, auch wenn ich es bis dahin nicht gewußt habe. Und ich weiß, daß er mich absichtlich wegstößt, mit Heftigkeit, als würde ich ihn weniger vermissen, weil er es mit Eren Goknar getrieben hat. Er kann mich nur so verlieren, wie ich mich selbst verlieren kann, wir sind wie diese Hausschlüssel, die auf deine Stimme hin einen Piepslaut abgeben; praktisch sind sie es, die dich finden. Ich küsse die Luft in der Nähe von seinem Gesicht und kehre zu Dawn zurück, die Tee gemacht hat. Wir plaudern zwei Stunden, immer zwischen ihren Gängen nach oben, und sie fragt mich nicht, warum ich nicht ausgehe. Ich schicke sie um elf nach Hause.

Max öffnet kaum die Augen, als ich das Nachtlicht anmache, um mich auszuziehen. Er hebt die Hand ein wenig, und ich gehe, noch in Unterwäsche, zu ihm.

»Weg damit«, flüstert er. Er wendet den Kopf ab und hustet, der kratzende rauhe Klang eines Strohhalms in einem fast leeren Glas.

Ich ziehe mich ganz aus und steige ins Bett, darauf bedacht, mich nicht an ihn zu drücken, jetzt, wo ihm anscheinend schon die Laken weh tun.

»Hast du?«

Ich gleite näher an ihn heran, bis wir Auge in Auge sind, und ich küsse seine trockenen Lippen und spüre die kleinen Hubbel und Risse um seinen Mund.

»Ja, ich hab den Mann gefunden, von dem ich dir erzählt habe. Den Großen. Er hatte heute schon Schluß, als ich dort auftauchte. Ich brauchte nicht mal zu warten.«

Max schließt die Augen, und ich lege seine Hand auf das obere Ende meines Beins.

»Es war so dunkel, wir sind nicht zum Park. Wir sind in ein Motel gegangen. Eine geschmacklose rote Tapete gab's da, und das Bett war ein riesiges Herz mit einem roten Samtüberzug.«

»Route 68«, sagt er.

»Ja, genau. Erinnerst du dich an das große Bett? Und das Kopfteil mit den kleinen Pfosten, an denen man sich festhalten konnte?«

Ich bewege seine Hand auf meinem Bein auf und ab, ganz sanft.

»Er hat mich ausgezogen, Max. Er hat sich hingekniet und mir die Schuhe aufgemacht, dann hat er mich aufs Bett gelegt und mich ausgezogen. Er war noch im Anzug.«

»Anzug?« flüsterte Max.

»Seiner Arbeitskleidung, meine ich. Kein Anzug. Er ließ das Licht brennen und hat mich überallhin geküßt, aber jedesmal, wenn ich versucht habe, ihn zu berühren, hat er mir die Hand festgehalten. Er wollte nicht, daß ich ihn berührte, erst später.«

Max bewegt den Kopf etwas, um zu nicken, und ich richte ihm die Kissen zurecht.

»Er hat die Innenseiten meiner Schenkel geküßt und die Rückseite meiner Beine, danach hat er sehr lange meinen Rücken geküßt, und als er mich umgedreht hat, war er nackt. Und er hat mich zu sich hoch gezogen, ein bißchen hing ich in der Luft, und dann hat er uns beide aufs Bett geworfen und ist in mir gekommen, und er kam und kam immer noch mal, bis ich zu weinen anfing, und dann sind wir unter die Decke gekrochen und haben beide geweint, bis wir eingeschlafen sind.«

Ich lege mein nasses Gesicht neben das von Max und lausche auf seinen Atem.

»Es war das Beste, Max. Nichts in meinem Leben war dem vergleichbar. Hörst du mich? Nichts in meinem Leben war dem vergleichbar.«

Wenn das Jahr zu Ende geht

An einem Mittwochnachmittag kam Kay Feldman vom italienischen Klub nach Hause, der von Signora Maselli geleitet wurde und aus lauter weiteren Außenseitern bestand: Mädchen, die zwar aufgeweckt waren, aber zu schüchtern für die Schülerzeitung, zu züchtig oder unbeholfen für Modernen Tanz, und dem einzigen Jungen, offensichtlich verrückt, der verkündete, er wolle den ganzen Dante noch vor Beendigung der neunten Klasse lesen. Kay rief den Namen ihrer Mutter, ohne Antwort zu bekommen. Auf dem Küchentisch lag keine Nachricht, nur eine halbvolle Tasse eindickenden Kaffees und ein Aschenbecher mit ausgedrückten Zigaretten stand dort.

Kays Mutter trank nur Tee, gewöhnlich Kräutertee, und sie hatte nie, soweit Kay wußte, eine Zigarette geraucht. Kay hatte zu Hause nie einen Aschenbecher gesehen. Immer wenn ihre Tante Ruth zu Besuch kam, sorgte Kays Vater dafür, daß sie zum Rauchen nach draußen ging, selbst im Winter. Kay konnte fühlen, wie ihr kalter Schweiß die Seiten herunterrann.

Kay rief noch einmal, ging dann durch jedes Zimmer und sagte sich, ihre Mutter sei spazieren, was sie ja manchmal tat, und habe bloß vergessen, ihr ein paar Zeilen zu schreiben, doch das war unvorstellbar. Kay sah sich in allen Zimmern um, trotz ihrer Beklommenheit war sie aufgeregt und fragte sich, ob sie etwas Schreckliches entdecken werde. Eine Leiche, natürlich nicht ihre Mutter, vielleicht aber von einem Unbekannten, einfach übers Bett geworfen, ermordet von einem anderen Unbekannten. Noch besser, von ihrem Vater ermordet, der dann im Gefängnis verrotten würde, und Kay würde ihren Namen ändern und ihn garantiert nie besuchen. Keine Leiche zu sehen. Die Betten waren nicht gemacht, was ungewöhnlich war, und die Schreibmaschine ihrer Mutter, die sonst im sogenannten Gästezimmer auf einem kleinen Kiefernholztisch stand, war auch nicht da. Kay hörte ein leises Miauen und fuhr zusammen. Ihr Vater behauptete, er sei gegen Katzen allergisch, und trotz ihrer Bitten und der wehmütigen Blicke ihrer Mutter waren Haustiere tabu. Kay glaubte nicht, daß er überhaupt allergisch war; sie glaubte, und sie hatte recht, daß er Katzen haßte und keine Lust hatte, deswegen zu debattieren.

Das Miauen kam aus dem Keller. Kay ging nach unten und dachte sich in eine fiktive Person hinein, wie sie es manchmal tat: »Tapfer stieg Portia Ives die knarrenden Stufen in den feuchten Keller hinunter...« Der Keller der Feldmans war für einen Keller nicht sonderlich feucht. Ihre Eltern würden zwar nie so etwas Kleinbürgerliches oder Gemütliches tun, wie zum Beispiel den Keller herzurichten, aber gewöhnlich war er trocken, und der einzige Geruch war der von kühlem Zement und von Wandabsonderungen. Am Fuße der Treppe schnupperte Kay mehrmals ungläubig: diese verwirrenden, umwerfenden Gerüche waren der stechende Gestank von Katzenpisse und der zähe, erotische Duft von Zigaretten.

»Oh, hallo, Liebling, ich hab dich gar nicht kommen hören.«

Kays Mutter trug Sachen, die Kay nicht kannte.

Ihr glattes blondes Haar war durch ein breites schwarzes Stirnband nach hinten gezwängt, und sie hatte einen ausgebeulten schwarzen Pullover mit V-Ausschnitt an, die Ärmel bis zu den Ellenbogen hochgekrempelt. Ihre Hose war ebenfalls schwarz, und sie ging barfuß.

»Ist hier eine Katze?« Kay wollte ihre Mutter am Arm packen und ausrufen: Was für ein verrücktes Spiel soll das sein, Zigaretten, Katzen und ungemachte Betten.

Kays Mutter kicherte. Ihr Kichern war erschreckender als die Zigaretten. Kays Mutter kicherte nicht; sie lächelte freundlich über die subtilen Wortspiele ihres Mannes und tat immer so, als überhörte sie Kays barsche Bemerkungen.

»Ja, stimmt. Er ist noch nicht stubenrein, aber das wird schon. Hast du gewußt, daß selbst frisch geborene Kätzchen innerhalb von vierundzwanzig Stunden anfangen, das Katzenklo zu benutzen? Und jetzt gibt es diese neue Sorte Katzenstreu, grün und unglaublich saugfähig, das absorbiert den Geruch fast völlig. Er ist da drüben in der Ecke.«

»Wem gehört er?« Und warum sitzt du auf einem Klappstuhl, mitten am Nachmittag, in diesem verfluchten Keller?

»Mir, uns. Was hältst du davon, ihn Blake zu nennen – du kennst doch ›Tiger. Tiger, grelle Pracht / in den Dickichten der Nacht / wes unsterblich Aug und Hand / wohl dein furchtbar Gleichmaß band?‹ Bringen sie euch das noch in der Schule bei? Ich glaube, Blake ist immer noch mein absoluter Lieblingsdichter. Ich liebe seine ›Lieder der Erfahrung‹.«

Kay starrte ihre Mutter an. Ihre Mutter, die Mutter, die sie kannte, unterrichtete Englisch als zweite Sprache in der Erwachsenenbildung und erschien immer um fünf Uhr in der Küche, um das Abendessen vorzubereiten, damit die Küche wieder in Ordnung war, wenn sie zum Unterricht ging. Kays Mutter trug Khakihosen mit einem schmalen braunen Gürtel, braune flache Schuhe und rosafarbene oder weiße Schildkrötenkragenpullover. Manchmal waren sie auch marineblau oder pfefferminzgrün.

Wenn sie zum Unterricht mußte, zog sie einen Rock an, eine Strickjacke und dazu einen der Schildkrötenkragenpullover. Kays Vater sagte, wenn er nett sein wollte, Laura kleide sich wie eine Dame. Häufiger sagte er allerdings, sie kleide sich wie eine Nonne.

»Wo hast du die Sachen her, Mami?«

Laura blickte ihre Tochter überrascht an und sah auf ihre schwarze Hose hinunter. Sie zuckte mit den Achseln. »Ich hab sie im Schrankkoffer gefunden. Kaum zu glauben, daß sie noch paßt. Ist das nicht nett?«

Zumindest die Redegewohnheiten ihrer Mutter waren geblieben: muntere Ausflüchte, in denen sie alles als »nett« bezeichnete. Kay beschloß, sich so zu verhalten, als hätte sich auch sonst nichts geändert.

»Kommst du rauf? Es ist nach fünf.«

»Ich glaube nicht, Liebling. Ich bin mitten in einer Sache, und es dauert sicher noch was, Blake einzugewöhnen. Schau ihn dir an, wie er da kauert. Möchtest du ihn auf den Arm nehmen?«

Kay sah ihre Mutter an, die sie immer warnte, daß Tiere Krankheitserreger in sich trügen, und sie sah das Kätzchen an, ein winziges Bündel aus spitzigem rotblondem Fell. Hätten sie gestern irgendwie so ein Kätzchen gekriegt, hätte ihre Mutter Sonnenschein oder Butterblümchen als Name vorgeschlagen, und Kay hätte verächtlich die Augen verdreht.

Kay hob den kleinen Kater hoch und konnte spüren, wie er sich wand und dann ihren Handrücken mit der Zunge streifte, wie eine winzige Distel.

»Und was soll ich jetzt tun? Muß ich das Abendessen machen?«

»Nein, ich denke nicht. Bist du nicht noch im Swenson's gewesen? Du hast doch noch keinen Hunger?«

Kay hatte Schwierigkeiten mit dem Gedanken, daß dieser seltsame Beatnik alles wußte, was ihre Mutter wußte, und es allem Anschein nach auf eine Weise zu nutzen verstand, wie es ihre Mutter nie hinbekam.

»Nein, eigentlich nicht. Er wird richtig sauer werden, Mami, das ist dir doch wohl klar, wenn das Essen nicht fertig ist.«

Laura blickte sie freundlich an. »Hm, die Welt wird schon

nicht untergehen, wenn's mit dem Essen ein bißchen später wird. Wie man überhaupt um sechs Uhr essen kann, ist mir ein Rätsel; mir ist es immer so vorgekommen, als hätte man kaum das Mittagessen hinter sich. Ich mache zu Ende, womit ich angefangen habe, und komme dann hoch. Wir können um sieben herum essen. Ich gehe heute nicht zum Unterricht.«

Kay sagte nichts. Im Geiste wiederholte sie den lässigen Ton von »als hätte man kaum das Mittagessen hinter sich« und fühlte eine wilde Freude in sich, die ihre Unruhe zudeckte. Vielleicht würde sich das alles als etwas Gutes entpuppen, besser als alles andere zuvor.

Kay hörte ihren Vater, Martin, pünktlich um sechs Uhr nach Hause kommen, wie gewöhnlich, und sie hörte ihn rufen, und dann seine Überraschung und seinen prompten Ärger darüber, daß er überrascht war, mit fröhlicher Ungeduld kaschieren: »Wo zum Teufel sind denn hier alle?«

Kay lag auf dem Bett, auf dem Bauch, und wartete darauf, daß er sie fand. Er würde im Türeingang stehenbleiben; er kam selten in ihr Schlafzimmer.

»Hallo. Wo ist deine Mutter?«

»Sie ist im Keller.«

»Nun sag's schon, Kay, mach keine blöden Witze. Ich hab keine Zeit für so was.«

Kay sagte, den milden Ton ihrer Mutter nachahmend: »Sie ist im Keller.«

»Um Himmels willen.« Ihr Vater stapfte davon.

Kay ging lautlos zur Kellertreppe und blieb oben stehen. Sie hörte ihren Vater wütend etwas murmeln, und sie hörte, wie die Stimme ihrer Mutter ihn so sanft unterbrach, daß keine Worte die Treppe hochdrangen. Ein paar Minuten später kam Martin die Treppe rauf, nervös, auf der Suche nach Streit.

»Hast du deine Hausaufgaben gemacht?«

»Ja.« Kay hütete sich zu sagen, daß sie gerade erst nach Hause gekommen war.

»Gut. Warum deckst du nicht den Tisch oder tust sonstwas? Deine Mutter sagt, wir essen heute etwas später zu Abend.«

»Kein Problem.«

»Wenn du so redest, klingst du wie ein Tankwart. Kannst du nicht sagen: ›Das ist recht‹, wie jeder normal gebildete Mensch?«

Kay sagte im kältesten Ton: »Das ist recht.« Sie dachte: Und ich hasse dich, du fettes, fettes, böses Schwein, und hoffentlich stirbst du bald.

Kays Mutter kam nach oben und machte Hamburger, Kartoffelpüree und grünen Salat. Sie sagte nichts während des Essens, und alle drei aßen schweigend, wobei Kay die beiden beobachtete. Laura stellte ihr Geschirr in die Spülmaschine, und als Kay und Martin sitzenblieben, wandte sie sich zum Gehen.

»Wohin gehst du, Laura?« Martin hätte nicht schnell genug aufstehen können, um ihr den Weg zu versperren, doch wollte er nicht einfach dasitzen, während sich seine Frau wie eine zweitklassige Sylvia Plath aufführte.

»Nach unten. Ich arbeite an etwas, und ich finde, der Keller ist der behaglichste Raum. Wie für dich dein Zimmer im College. Mit ausziehbarer Couch und allem.«

Martin sagte nichts, und Kay sah zu, wie sein Gesicht langsam rot anlief. Ihre Mutter wartete es nicht ab.

Martin ging ins Schlafzimmer und hoffte, seine Frau würde sich am nächsten Tag wieder in üblicher Kleidung und leicht depressivem Zustand zeigen, nach Babypuder riechen und nicht nach Zigaretten.

Um zehn rief Kay nach unten: »Ich geh schlafen, Mami. Ich hab das Geschirr gespült. Gute Nacht.«

»Gute Nacht, Liebling. Das war ganz süß von dir zu spülen. Ich komme auch bald rauf.«

»Ich gehe aber jetzt schlafen.« Kay war der abendlichen Zuwendung ihrer Mutter in den letzten vier Jahren immer ausgewichen. An diesem Abend allerdings wünschte sie sich, von ihr zugedeckt zu werden, doch ihre Mutter blieb im Keller, resolut und schwarz gewandet.

Am nächsten Morgen klebte eine Nachricht an der Kellertür.

»Gib mir, gütiges Geschick!
Gib mir noch vor Todespein
Den vollkommnen Zufluchtsort,
Versteckt in hoher Bäume Reihn.
Nie bedränge je ein Blick,
Hier in sanfter Schatten Hort,
Meine Freiheit unbeschränkt.
von Anne Finch,
Gräfin von Winchilsea«

Als Kay das zum dritten Mal studierte, musterte ihr Vater es über ihre Schulter hinweg, riß das Papier ab, zerknüllte es und warf es zum Kaffeesatz und den Melonenschalen.

An diesem Abend kam ihre Mutter nicht nach oben, um das Essen zu machen. Martin ging nach unten, gab noch mehr wütende Laute von sich und kehrte mit schwerem Schritt zurück, er wirkte niedergeschlagen und schien etwas Angst zu haben.

Hätte Kate ihn besser leiden können, hätte sie Mitleid mit ihm empfunden. Dummes verängstigtes Schwein.

»Warum bittest du deine Mutter nicht, nach oben zu kommen? Wenn sie nicht kochen will, könnten wir… könnten wir eine Pizza holen.«

Kay wollte nichts tun, was man als Hilfe für ihren Vater auffassen konnte, sie wollte allerdings auch, daß ihre Mutter nach oben kam; daß sie, und das wünschte sich Kay vor allem, Zeuge der völligen Kapitulation ihres Mannes wurde, daß sie hörte, wie er sagte: »eine Pizza holen«, er, der ihnen ihr Leben lang verboten hatte, in Fast-Food-Lokalen zu essen, ihnen den Spaß am Familienurlaub verdorben hatte, indem er darauf bestand, daß Laura jeden Abend ein richtiges Essen auf den Tisch brachte, egal, wie primitiv die Küche auch sein mochte, in der sie stand.

Kay hätte gern mit Pauken und Trompeten verkündet: Du kannst jetzt aufhören, du hast gewonnen. Er holt Pizza, und er hat nicht mal die Katze erwähnt. Du hast gewonnen! Komm zurück!

Kay ging nach unten und roch Zigaretten und Mottenkugeln und nur ein klein wenig Katze. Die Schreibmaschine hämmerte ununterbrochen.

»Mami?«

»Hier bin ich.«

»Dad hat gesagt, warum holen wir uns nicht eine Pizza, wenn du nicht kochen willst. Wir könnten eine mit extra Käse und Paprika nehmen.« Kay liebte die Pizza mit extra Käse und Paprika, und jedesmal, wenn Martin zu einer Besprechung mußte, hatte Laura zuerst Bedenken, gab dann aber dem Betteln nach und bestellte eine Riesenpizza nur für sie beide, und während Kate drei Stücke und noch ein viertes verdrückte, saß sie mit gerunzelter Stirn da.

Als Laura jetzt nicht triumphierend lächelte, wurde es Kay bang ums Herz. Es war also doch kein Kampf gewesen.

»Wenn dir danach ist«, sagte Laura und balancierte die Asche einer Dunhill-Zigarette zur Höhlung eines unbekannten Kristallaschenbechers. »Dieser Aschenbecher hat meinem Vater gehört, du hast Großvater nie kennengelernt. Er war ein unbedeutender Dichter und ein lieber Mensch. Meine Mutter hielt ihn für einen Versager. Das habe ich auch immer geglaubt, aber jetzt meine ich, daß er sanft und lieb war, ohne Ehrgeiz. Deine Großmutter hat ehrgeizige Männer bewundert. Weißt du, was sie zu mir gesagt hat, als sie deinen Vater zum ersten Mal traf? Sie hat gesagt: ›Werde schwanger.‹« Laura zog an der Zigarette, und sie sah jünger und zorniger aus, als Kay sie je gesehen hatte.

»Ja, Oma war schon seltsam. Also Pizza, Mami? Sollen wir

eine bestellen? Einfach eine große? Wir könnten auch ein paar von den Käsestangen nehmen.«

»Was du willst. Ich hab keinen Hunger.«

»Mami, hast du heute schon was gegessen?«

»Mir geht's gut, Liebling. Guck mal, Blake futtert gerade.« Sie sahen beide dem Kätzchen zu, das Milch aus einer zierlichen Wedgwood-Untertasse schleckte, die, wie Kay erkannte, aus dem Service stammte, das ihre Mutter in der Vitrine ausgestellt hatte.

»Also, wir bestellen Pizza. Mami, wirst du hier unten schlafen?«

»Ja, das werde ich. Dieses Projekt nimmt so viel Zeit in Anspruch, daß es mir bequemer vorkommt, einfach alles hier unterzubringen. Sieht schon richtig wie mein Zimmer im College aus.«

Kay sah sich um, sie war traurig, gleichzeitig aber auch neugierig. Es sah aus wie das Zimmer, das Kay vielleicht selbst haben würde, wenn sie ins College kam: Plakate von Klimt, mit Klebestreifen an den Zementwänden befestigt, ein Spieltisch mit zwei purpurroten Batiktüchern bedeckt, eine Menge Notizbücher und ein Stoß Gedichtbände, die sich auf dem Zementboden in der kaum wahrzunehmenden Feuchtigkeit zu wellen begannen. Laura hatte einen alten Pfadfinderschlafsack auf dem Feldbett ausgerollt und einige afrikanisch anmutende Kissen dazugetan. Sie hatte zwei Kartons mit Martins einzigem Buch, herabgesetzte und signierte Exemplare, aufeinandergestapelt, um einen Beistelltisch zu haben, und eine kleine Lampe darauf gestellt.

»Es ist nett, Mami.«

Ihre Mutter strahlte sie an. »Danke. ›Laßt dem Ehrgeizgen seine Macht, / laßt den Leichtfuß, wenn er lacht, / laßt mich doch am Zufluchtsort / ohne der Gedanken Tort.‹ Das ist auch von Anne Finch.«

Ihre Mutter sah auf die Schreibmaschine. »Ich muß wieder an die Arbeit.«

»An was arbeitest du denn?«

Lauras Gesicht zeigte mit einem Mal einen verschlossenen Ausdruck. »Ich schreibe einiges. Ich hab schon viel geschrieben. Ich muß wieder an die Arbeit.«

»Okay. Ich gehe dann. Ich rufe dich, wenn die Pizza da ist. Okay?«

»Gut.« Ihre Mutter, die sonst immer mit zehn Worten auf eines von Kay antwortete, krempelte die Ärmel hoch und begann zu tippen.

Kay und Martin aßen wortlos zusammen Pizza.

Laura hatte gesagt, sie habe zuviel zu tun, um zum Essen hochzukommen, und Kays Vater aß sechs Stücke und warf die Schachtel in den Mülleimer. Er nahm sich den Autoschlüssel und sagte zu Kay, sie solle aufräumen.

»Warum soll ich aufräumen?«

»Frag nicht, sondern tu es, Kay. Ich weiß nicht, was für Verrücktheiten deine Mutter noch in petto hat, aber ich kann nicht Referate korrigieren, ein Buch schreiben *und* das Haus putzen.«

Kay dachte an ihre Mutter, deren Gesicht im Keller geleuchtet hatte, als sie diese Dichterin zitierte. »Ich habe doch nicht gesagt, du sollst das Haus putzen, oder? Ich habe nur gefragt, warum ich aufräumen soll, nachdem wir *beide* gegessen haben.«

Martin ballte die Fäuste und legte sie auf den Tisch, das Bild eines Mannes, der sich zu beherrschen sucht. Aber das war es nicht, er war nur darauf aus, ihr Angst einzujagen.

»Kay, bitte räum die Küche auf. Mach das Ganze nicht schlimmer, als es ist. Treib's nicht so weit, daß ich mich vergesse. Warum gehst du nicht nach unten und bringst deine Mutter dazu, Schluß mit diesem Blödsinn zu machen? Und sage ihr, sie *muß* mit dem Rauchen aufhören.«

»Ich werde die Küche saubermachen, wenn du mir drohst. Aber sag du Mami, sie soll mit dem Rauchen aufhören. Sie ist deine Frau.«

Ihr Vater verließ die Küche, und Kay konnte hören, daß er nicht zum Auto hinausging; er verschwand direkt im Schlafzimmer.

Jeden Tag ging Kay nach unten, ohne zu wissen, was sie sich erhoffte, und besuchte ihre Mutter.

Manchmal war Laura richtig aufgekratzt und trug Gedichte vor, dann wieder konnte sie recht seltsam sein, bewegte sich nur schleppend und war kaum in der Lage, Kay eine Antwort zu geben. Martin kaufte jeden Abend auf dem Nachhauseweg Milch, Obst und etwas fürs Abendessen, und Kay machte die Küche sauber, nachdem sie beide Pizza, Brathähnchen oder Corned-Beef-Sandwiches gegessen hatten. Am zehnten Tag ging Kay nach unten und dachte überhaupt nicht über ihre Mutter nach; sie weinte, weil sie vierzehn war und zehn Zentimeter größer als der einzige Junge, der sich ein bißchen nett zu ihr benahm.

»Was ist los, Liebling?«

»Es war ein beschissener Tag.« Seit ihre Mutter die Persönlichkeit gewechselt hatte, war Fluchen keine große Angelegenheit mehr. Kay versuchte sich auszurechnen, wann sie ihre Mutter um eine Zigarette bitten konnte.

»So was kommt vor.« Ihre Mutter zündete sich eine Zigarette an, lehnte sich auf ihren Schreibstuhl zurück und blickte Kay an. »Mein Gott, bist du dieses Jahr schön geworden, jedesmal, wenn ich dich ansehe, denke ich: ›Der Glanz von deinen Wangen / Würde die Sterne so beschämen wie die / Sonne ein Kerzenlicht. O Augensterne! / Ihr strahltet mir am Himmel! Daß die Vögel / Sängen und dächten, es sei gar nicht Nacht.‹ Du bist genau wie Julia. Romeos sind allerdings in der neunten Klasse etwas schwer zu finden.«

Kay lächelte, freudig erregt, daß sie ihre Mutter, die ihr früher immer gesagt hatte, sie könnte wirklich reizend sein, wenn sie bloß mehr lächelte, nun mit dieser sonderbar heiseren Stimme reden hörte, einer Stimme, in der Liebhaber unvergessen waren und Enttäuschungen nachwirkten.

»Niemand mag mich«, sagte Kay, und während sie den winzigen Blake streichelte, wurde ihr mit einem Mal bewußt, daß es ihr egal war.

»Dann sind es alles kurzsichtige Narren und Kindsköpfe. Das wird schon kommen, Liebling. Gib ihnen noch zwei, drei Jahre, und du wirst dich ihrer mit dem Stock erwehren müssen, vielleicht brauchst du auch zwei Stöcke.« Um ihren Worten Nachdruck zu verleihen, drückte ihre Mutter die Zigarette aus.

»Ich muß wieder an die Arbeit. Komm, leg dich aufs Bett. Du kannst ein Nickerchen machen, während ich tippe.«

Kay streckte sich auf dem grünen, klammen Schlafsack aus und legte den Kopf auf eins der komischen länglichen Kissen. Ihre Mutter zog den Klappstuhl näher ans Feldbett heran und legte eine dünne farblose Hand auf Kays Schulter. Sie sang:

»Oh, die Sommerzeit ist nahe,
und die Blätter sanft schon sprießen,
und der wilde Bergthymian
wächst auf purpurroter Heide...
Kommst du mit mir, Bursch, mit mir?«

Kay erinnerte sich nicht daran, daß ihre Mutter ihr abends mit genau dieser rauchigen, bittersüßen Stimme vorgesungen und sie in einem kleinen blauen Zimmer in den Schlaf gewiegt hatte. Ihre Mutter sang, bis Kay einschlief.

Als sie aufwachte, hielt ihre Mutter das Kätzchen im Arm und stierte über die Schreibmaschine ins Leere.

»Mami? Mami?«

Das Kätzchen sprang aus Lauras Armen und purzelte zu seinem Milchtellerchen.

Kay legte eine Hand auf die Schulter ihrer Mutter, dann auch die zweite; unter dem schmuddelig schwarzen Pullover konnte sie fühlen, wie sich die dünne Haut über scharfe Knochenkanten schob. Ihre Mutter rührte sich nicht, und Kay wartete. Nach einer Weile konnte sie ein leichtes Beben spüren.

»Was geht hier vor?« Martin stand auf halber Treppenhöhe und starrte sie beide an, ihre geneigten Gestalten, von grellweißem Licht eingefaßt. Als Kay geboren war, hatte sie kaum lange genug im Schreien innegehalten, um gestillt zu werden, und Martin ging die ganze Nacht mit ihr die Wohnungstreppe auf und ab, während Laura den Kopf unter zwei Kissen steckte und bis zum Morgengrauen weinte. Sechs Monate lang schliefen sie alle auf nassen Laken. Das einzige Foto, das ihr Vater je mit sich getragen hatte, war das von der vier Monate alten Kay.

»Nichts«, sagte Kay.

Mit jedem Tag, den sie auf die Maßnahmen ihres Vaters wartete, war ihre Angst gewachsen. Offensichtlich stimmte etwas mit ihrer Mutter nicht; er konnte sie wegschicken, und sie kam vielleicht nie mehr zurück. Er konnte auch Blake loswerden.

»In Ordnung, Kay. Geh nach oben.« Es klang wie immer, wenn er mit ihr sprach, als wären sie Fremde, die sich auf einer schrecklichen Zugfahrt notgedrungen einen Sitzplatz teilen müssen.

Kay blieb neben ihrer Mutter stehen.

»Nach oben.«

»Was hast du vor?« fragte Kay, und Gefühle von Macht und übernatürlicher Kraft wallten in ihr auf. Sie wird ihre Mutter retten, so wie Polizisten sich durch den Verkehr hangeln, um Kleinkinder gerade noch zu retten, wie Akrobaten einander in der letzten, der unmöglichen halben Sekunde auffangen. Sie wird an ihrem Vater vorbeischwingen und ihn fett und unbeholfen auf dem Boden zurücklassen, während sie und ihre Mutter durch die lichthelle Luft wirbeln und sanft, nicht einmal schwer atmend, auf ihrer eigenen winzigen Plattform landen.

»Ich möchte lediglich mit deiner Mutter unter vier Augen sprechen.«

Kay rührte sich nicht, drückte die Schultern ihrer Mutter und wartete auf ihr Stichwort.

»Martin?« Die Stimme ihrer Mutter war leiser als die des Kätzchens.

Kays Vater kam die Treppe herab, wobei er sich die Krawatte lockerte. »Ich bin es, ich bin hier«, sagte er, beugte sich über die Schreibmaschine und nahm Lauras schlaffe Hand.

»Martin?«

Kay wartete auf den Wutausbruch ihres Vaters, darauf, daß er ihre Mutter anschrie, weil sie sich dumm anstellte und sich wiederholte. Sie trat etwas zurück, nur die Fingerspitzen ruhten noch auf den staubigen Schultern ihrer Mutter.

»Hier, Laura, hier bin ich.«

»Ich bin sehr müde. Ich schlafe nachts nicht.«

Das schwache Jammern ihrer Mutter beunruhigte und verdroß Kay, die so sehr versuchte, sie in eine Anne Finch zu verwandeln, in eine blonde, paillettenbesetzte Akrobatin, die mühelos von einem glänzenden Trapez zum nächsten schnellte.

»Ich weiß, ich weiß, du kannst nicht schlafen.«

Wie kann er das wissen? dachte Kay. Dick und steif unter der grauen, konventionellen Bettdecke, wie konnte er wissen, was ihre Mutter nachts im Keller tat?

»Gehn wir nach oben, Laura, okay? Sprechen wir mit Sid Schwerner, okay? Er kann dir helfen, Schlaf zu finden.«

Laura zog zornig die Hände zurück, und Kay dachte: Jetzt! Spring in meine Arme!

»Martin, ich muß wieder an die Arbeit.«

Kays Vater war schlauer, als sie gedacht hatte; weder schrie er, noch versuchte er, Lauras Hände wieder zu fassen.

»Natürlich, ich hatte nicht vor, dich davon abzuhalten. Sprechen wir nur ein wenig mit Sid, und dann kannst du zurück an die Arbeit. Du kannst doch nicht pausenlos arbeiten, oder? Selbst Shakespeare, selbst Blake, dein großer Lieblingsdichter, alle haben sie Pausen eingelegt. Stimmt's?«

Laura seufzte und legte den Kopf auf die Tasten der Schreibmaschine, und Kay fühlte, wie sich der Seufzer durch ihren Rücken grub, fühlte, wie die kühlen Metalltasten hitzig und heftig hinter ihren Augen geschlagen wurden. Sie ging auf ihr Zimmer, da sie das langsame Nach-oben-Steigen ihrer Mutter, die von den braunen Tweed-Armen ihres Vaters umschlossen wurde, nicht mit ansehen wollte.

Kay konnte durch ihre Schlafzimmertür hören, wie er eindringlich ins Telefon sprach, seine Stimme dämpfend wie ein Nazispion; wie er im Schlafzimmer rumorte, den Reißverschluß an der uralten Reisetasche ihrer Mutter zuzog. Von ihrer Mutter konnte sie nichts hören.

»Fertig, wir gehen. Kay? Ich bin – wir sind dann später zurück. Kay? Bitte komm aus deinem Zimmer und verabschiede dich.«

Kay mühte sich vom Bett und blieb in der Tür stehen. »Wiedersehn. Laß es dir gutgehen. Viel Spaß.«

Laura blickte in ihre Richtung und knapp an ihr vorbei. Martin winkte ausgiebig mit der Hand, wie aus einem abfliegenden Flugzeug.

»Schon gut, Kay. Nimm's nicht so schwer. Ich rufe dich an, wenn's nötig ist. Bleib nicht auf, morgen hast du Schule.«

»Ja, ich weiß. Danke für den Hinweis.«

Martin verdrehte die Augen, öffnete die Tür und zog Laura hindurch; er blieb selbst dann noch freundlich, als sie sich nicht von der Stelle rührte, als wäre ihr entfallen, wozu Türen dienten.

Er kam am nächsten Tag zurück, ohne Laura. Er erklärte Kay, ihre Mutter brauche absolute Ruhe und werde in ein paar Wochen wieder daheim sein.

Er war lebhaft und seltsam aufgekratzt, legte die beschwingte Gelassenheit ihrer Mutter an den Tag, als hätte er sie ihr gestohlen.

In den beiden darauffolgenden Wochen lebten sie miteinander, als wäre Laura weiterhin im Keller. Martin brachte etwas zum Abendessen mit, und Kay machte die Küche sauber. Sie steckte die dunklen Kleidungsstücke ihres Vaters zusammen mit den hellen in die Waschmaschine und wusch seine Pullover in heißem Wasser, bis er sie die Wäsche nicht mehr machen ließ. Sie lernte ein neues Mädchen kennen, Rachel Gevins, und an den Wochenenden übernachtete sie bei ihr, und sie tranken Coke mit Rum, während die Eltern im Kino waren.

Rachel erzählte Kay, daß ihre Mutter eine Elektrolyse gegen den Tumor in ihrem Bauch bekam. Kay erzählte Rachel, daß ihre Mutter ausgeflippt war und ihr Vater sie in die Klapsmühle verfrachtet hatte. Rachel lachte, sah dann traurig aus, sagte aber nichts, und Kay erfuhr, was es bedeutete, jemandem zu vertrauen.

Als Kay nach ihrem zweiten Wochenende bei Rachel nach Hause kam, ging sie in den Keller hinunter. »Dominique Beauvoir hielt sich am schmiedeeisernen Geländer fest, bereit, in ihre Vergangenheit einzutreten...« Blake, den Kay heimlich mit Thunfisch und Hühnerhäppchen ohne Knochen versorgt hatte, war verschwunden. Das kleine Katzenklo war weg, ebenso der zehn Pfund schwere Sack mit Katzenstreu. Tisch, Stuhl, Gedichtbände, Zeitschriften, Feldbett und Kissen waren weg; und die Schreibmaschine. In der Luft hing nur der schwache Geruch von Kampfer, Zigaretten und Katze.

Kay steht im Keller, atmet tief und unregelmäßig aus. Sie wird ihm nie verzeihen. Von jetzt an wird sie nie wieder mit ihm sprechen. Als Kay klein war, ging sie von der Schule zum Büro ihres Vaters, und er hob sie immer auf seinen Schreibtisch, machte ihr Platz zwischen den Papieren, damit sie die Beine an der Seite herunterbaumeln lassen konnte, während sie Kakao aus dem mit Segelbooten bemalten Becher trank. Er stellte ihr all die hübschen Mädchen vor, die in einem fort hereinkamen, und alle lächelten sie nett an, spielten mit ihrem Haar und drängten sich an ihren Vater. Als sie zehn war, fing er an, immer häufiger das Büro abzuschließen, und sagte, sie sei alt genug, direkt nach Hause zu gehen, und auch allein. Kay dachte, er schäme sich wegen ihr, und sie schämte sich ebenfalls. Sie schrieb schreckliche Sachen über ihn an die Wand hinter ihrer Frisierkommode, aber es half nicht.

Wenn ihre Mutter jetzt nicht zurückkommt, wo Kay erwachsen wird, wird sie jemanden anheuern, der ihn umbringt. Wie das Mädchen in New Jersey wird sie irgendeinen dummen Typen engagieren, der ihrem Vater eines Abends eine Kugel in den Kopf jagt, während er gerade Thomas Hardy liest, und sie wird sagen, sie hätte nicht die geringste Ahnung. Sie weint, bis sie kaum noch aus den Augen sehen kann, und schließt sich in ihr Schlafzimmer ein.

Als Martin nach Hause kam, rüttelte er mehrmals am Türknopf und bestand darauf, daß Kay ihn hereinließ. Eigentlich wollte er es gar nicht, und als sie es nicht tat, zuckte er mit den Achseln und aß das Brathähnchen, das er für sie beide mitgebracht hatte, fast ganz auf. Er ging ins Bett, angewidert, haßte sein Leben, das ihn immer noch überraschte.

Kay kam am nächsten Morgen nicht aus ihrem Zimmer, und nach wenigen Minuten hörte Martin auf, gegen die Tür zu hämmern. Er hatte eine Verabredung zum Frühstück, und im Bewußtsein, großzügig zu sein, sagte er: »Es wird dich schon nicht deinen Kopf kosten, wenn du mal einen Tag in der Schule fehlst, vermute ich.« Er ging weg, erleichtert, daß er sich einen weiteren giftigen Streit erspart hatte.

Als Kay hört, wie das Auto knirschend die Auffahrt verläßt, öffnet sie die Tür und geht in den Keller zurück. Sie wartet auf ein Zeichen, und sie möchte glauben, daß sie dort für alle Zeit sitzen bleiben kann, daß sie sich gegen Gott versperrt und nicht umgekehrt. Der Keller ist nicht ganz leer; von ihrem Beobachtungsposten auf der Treppe kann Kay ein paar Überbleibsel sehen. Sie untersucht den Bleistiftstummel, nichts Besonderes, nicht einmal abgekaut oder die Spitze abgebrochen. Kay steckt ihn in die Tasche und geht zur Ecke hinüber, wo das Feldbett gestanden hat. Auf dem Boden liegt ein leeres Dunhill-Päckchen, die Goldfolie quillt aus der roten Schachtel. Kay geht auf ihr Zimmer und verstaut die Schachtel in der Schublade mit ihrer Unterwäsche, dabei stäuben winzige Tabakflöckchen auf ihre weißen Slips. Sie zieht ihre schwarzen Jeans an und ein altes schwarzes Sweatshirt, dessen Außenseite sie nach innen kehrt, um die knallige Beschriftung zu verbergen. Sie würde ein Stirnband tragen, wenn sie eins hätte. Kay hört wieder das Auto und steht wartend im Wohnzimmer, um zu sehen, wen ihr Vater mit nach Hause bringt.

Sie kann hören, wie sie durch die Küche kommen, hört ihren Vater ächzen, als er den Koffer hereinschleppt, hört den Dank der Mutter. Kay atmet kaum.

Ihre Mutter kommt ins Wohnzimmer, lächelt nicht. Jemand hat ihr den Khakirock und den weißen Schildkrötenkragenpullover angezogen, es fehlt der braune Gürtel, und das Hemd rutscht unten immer wieder aus dem Rockbund.

Kay möchte sanft sprechen, mit der Stimme ihres Vaters im Keller, um ihre Mutter zurückzugewinnen; sie werden Gedichte lesen und Pizza essen, und am Ende wird er zusammenschrumpfen und davongeweht werden, nichts wird dableiben, außer seinen komischen schwarzen Schuhen. Ihnen beiden wird's dann gutgehen.

»Wo ist Blake?« schießt es aus ihr heraus, und der Mund ihrer Mutter bildet die vertrauten häßlichen Falten.

»Fängt das schon wieder an«, sagt ihr Vater und schaut seine Frau an.

»Und? Das ist doch wohl keine unvernünftige Frage? Ich meine, die Katze ist spurlos weg, weißt du? Das weißt du, nicht wahr, Mami? Blake ist weg. Er hat ihn einschläfern lassen oder sonstwas.«

Kays Mutter legt sich die Hand an die Stirn, auch eine vertraute Geste, und geht ins Schlafzimmer, ohne in Kays Richtung zu sehen. Martin folgt ihr und trägt bedächtig ihren Koffer.

Im vollen Spätvormittagslicht schließt Kay ihre Schlafzimmertür ab und wirft die schwarzen Kleidungsstücke unters Bett. Sie nimmt die glatte rote Schachtel heraus und faltet die Goldfolie auseinander, schnuppert daran. Kay legt sich hin und macht die Augen zu. Sie schläft ein, hält die rote Schachtel unterm Kopfkissen umklammert.

Psychoanalyse hat mein Leben verändert

Drei Wochen lang, vier Tage die Woche, erzählte Marianne Dr. Zurmer ihre Träume. Fette nackte Frauen überreichten ihr Tigerliliensträuße, unverständliche Zeichen und Wegweiser markierten stille graue Korridore, körperlose Penisse spien Azaleenblüten in eindrucksvollen rosa- und purpurfarbenen Bögen. Sie sprach auch über ihre Ehe, ihre Scheidung und ihre Eltern. Hinter ihr nickte Dr. Zurmer, machte sich Notizen und ließ ihre knotigen, ältlichen Füße aus eleganten schwarzen Samttretern gleiten, wackelte mit den Zehen hin und her, bis alles wieder durchblutet war. Marianne konnte ihr regelmäßiges, aufmerksames Atemholen hören und gelegentlich auch das leichte Kratzen ihres zigarrenähnlichen Füllers.

Am Ende eines weiteren ihrer langen Träume, in dem Mariannes Vater verzweifelt versuchte, durch ununterbrochen wehende Blumenblätter zu Marianne zu gelangen, legte Dr. Zurmer den Füller hin.

»Warum setzen Sie sich nicht auf, Dr. Loewe?«

Marianne rührte sich nicht, in Gedanken noch bei dem sanften Wehen und den paar weißen Blütenblättern, die sich im Bart ihres Vaters verfangen hatten, als er sich abmühte, zu ihr zu gelangen. Dr. Zurmer dachte, sie habe ihre Patientin so verschreckt, daß sie sich nicht bewegen mochte.

»Schließlich gibt es zwei hier im Zimmer. Warum sollten wir so tun, als wäre nur einer von uns real, nur einer von uns anwesend?«

Marianne setzte sich auf.

»All diese weißen Blumenträume«, sagte Dr. Zurmer, »wovon handeln sie?«

»Sicherlich von meiner Mutter. Ich weiß nicht, ob Sie sich daran erinnern, der Name meiner Mutter war Lily. Und sie glich einer weißen Blume, dünn, blaß, grazil. Ließ sich bloß treiben, war überhaupt nicht gefestigt. Bloß ein bißchen von allem, verstehen Sie, Immobilien, Hausanstreichen, eine Zeitlang deutete sie Teeblätter in einem Pseudo-Zigeunerlokal. Ich will damit sagen, sie ist jetzt zwar Geschäftsfrau, damals aber... Mein Vater war der Gefestigte, aber sie hat ihn vertrieben.«

Dr. Zurmer sagte: »Er war in sich gefestigt, ist aber verschwunden. Sie sagen, sie ›ließ sich treiben‹, aber sie hat Sie nie verlassen. Und sie hat immer für Ihren Lebensunterhalt gesorgt, ja?«

»Er ist nicht verschwunden. Meine Mutter hatte eine Affäre, eine von vielen, da bin ich mir sicher, sie war so eine mistige Ballkönigin, und er konnte das nicht ertragen und ist gegangen.« Marianne war froh, daß sie »mistige« sagen konnte.

»Verständlich, daß er sich entschied, die Ehe zu beenden. Nicht jeder täte das, aber verständlich. Nur warum hat er aufgehört, Sie zu sehen?«

»Es blieb ihm keine andere Wahl. Sie erhielt irgendwie das Sorgerecht, und dann zog er wegen seiner Arbeit nach Kalifornien. Ich war einmal in Kalifornien, etwa eine Woche, aber dann, ich weiß nicht, hat er sich wieder verheiratet; er starb bei einem Autounfall.« Marianne begann zu weinen und wünschte sich zurück auf die Couch, unsichtbar.

»Wie alt waren Sie, als Sie nach Kalifornien sind?«

»Neun.«

»Wie sind Sie dort hingekommen?«

»Meine Mutter ist mit mir geflogen.«

»Ihre Mutter ist mit Ihnen nach Kalifornien geflogen, damit Sie Ihren Vater besuchen konnten?«

»Manchmal war sie überängstlich. Ich erinnere mich, wie er gesagt hat, wenn ich alt genug wäre, um allein zu fliegen, dürfte ich kommen. Ich hab gedacht, neun ist alt genug, aber meine Mutter hat mich begleitet.«

»Natürlich. Warum denn eine Neunjährige allein auf eine viereinhalbtausend Kilometer weite Reise schicken, wenn kein Notfall vorliegt?«

»Viele Leute machen das.«

»Viele Leute benehmen sich egoistisch und unverantwortlich. Und anscheinend hat ja auch Ihr Vater nicht geglaubt, neun sei wirklich das richtige Alter. Er war doch wohl gewillt, ein Jahr oder auch zwei zu warten, bevor Sie beide sich wiedersahen.«

»So war es nicht.«

»Ich denke schon. Sie sind jetzt fast vierzig. Ich bin fast fünfundachtzig. Wir werden nicht die Zeit für eine lange Analyse haben, Dr. Loewe, was auch nichts macht. Ich werde Ihnen sagen, was ich sehe, wenn ich etwas sehe, aber auch Sie müssen bereit sein hinzusehen. Ihre Mutter wußte, wie wichtig Ihnen Ihr Vater war, und obwohl Ihr Vater sie verlassen hatte, war sie bereit, sich die Zeit zu nehmen und das Geld aufzubringen, nur um sich zu versichern, daß Sie ihn sahen, trotz seiner augenfälligen Gleichgültigkeit. Sie müssen darüber nachdenken, warum Sie Ihren Vater als Held dieser Geschichte brauchen. Morgen dann wieder, ja?«

Marianne ging nach Hause, weniger froh als nach ihrer ersten Sitzung. Vor drei Wochen, als sie das Wartezimmer mit dem grauen Teppichboden betrat, mit den beiden Schwarzweißfotos vom Sierra Club und dem staubigen Mahagoni-Couchtisch, auf dem nur *Paris Match* von der Vorwoche und die *New Yorker* des letzten Jahres lagen, hatte Marianne gewußt, daß sie in sicherer und zuverlässiger Obhut war. Trotz Dr. Zurmers unerwarteter Vorliebe für unförmige Strickjacken in leuchtenden Farben, die durch die sorgfältig auf die Taschen aufgestickten Blumen charmant und europäisch wirkten, war sie genau das, was Marianne sich erhofft hatte.

Am Dienstag unterbrach Dr. Zurmer Mariannes Erinnerungsbericht über ihren Großvater, wie er sich mit einem altmodisch schlichten Rasiermesser den Bart abnahm, und sagte ihr, Beige sei nicht ihre Farbe.

»Beige ist für Rothaarige, für einen ganz bestimmten Blondtyp. Nicht für Sie. Mein Haar hatte vor fünfzig Jahren dieselbe Farbe. *Châtain.* Ich meine Kastanienbraun. Eine hübsche Farbe, selbst mit etwas Grau. Ihnen würde Grün sehr gut stehen, die verschiedensten Grüntöne, wie Frühlingslaub. Vielleicht noch ein Ring oder ein Armband dazu, um die Aufmerksamkeit auf Ihre hübschen Hände zu lenken.«

Marianne sah Dr. Zurmer an, und Dr. Zurmer lächelte zurück.

»Wir müssen für heute Schluß machen. Bis morgen, Dr. Loewe.«

Marianne ging nach Hause und fütterte ihre Katze, und als sie den marineblauen Bademantel anzog und die hinten offenen Hausschuhe, beobachtete sie sich dabei im Spiegel.

In den Sitzungen der darauffolgenden Woche gab Dr. Zurmer Marianne den Namen einer guten Masseurin, eines im Haarfärben erfahrenen Friseurs und eines Ladens, der sich auf Schweizer Schuhe mit schmalen Weiten spezialisiert hatte, was sich alles als genau richtig für Mariannes Füße und Empfindlichkeiten herausstellte.

Am Ende der Donnerstagssitzung schlug Dr. Zurmer vor, daß Marianne sich weniger auf Vergangenes als auf Gegenwärtiges konzentrierte.

»Ihre Mutter lädt Sie jedes Wochenende in ihr Strandhaus ein, Dr. Loewe. Warum gehen Sie nicht mal hin? Ich glaube nicht, daß sie vorhat, Sie zu verschlingen oder zu demütigen. Ich glaube vielmehr, sie möchte ihren Freunden ihre hochintelligente Tochter vorführen und sie möchte, daß Sie die Existenz würdigen, die sie sich aufgebaut hat mit Strandhaus und Gastronomiegeschäften und so weiter. Das ist nicht wenig für eine Frau mit dem Hintergrund Ihrer Mutter, für die zarte Blume, die sie Ihrer Meinung nach ist. Das Leben ist kurz, Dr. Loewe. Besuchen Sie sie und finden Sie heraus, was wirklich ist. Schlimmstenfalls sind Sie dieser schrecklichen Hitze entronnen, kommen zurück und sagen mir, daß ich mit meinen Ideen auf dem Holzweg war.«

Bezaubert von Dr. Zurmers gelegentlich veraltetem Wortschatz und der Vision, wie sie und ihre Mutter bei Sonnenuntergang den Strand entlangliefen und ihre gleich kurzen, stämmigen Beine und schmalen Füße durch den Sand glitten, wandte sich Marianne zum Gehen und wartete nicht erst auf die Entlassungsworte von Dr. Zurmer.

Dr. Zurmer wollte aufstehen und konnte nicht.

Ihr Kopf fiel nach vorn, und ihre Halbbrille, die dem Gesicht Strenge und Freundlichkeit verlieh, landete auf dem Boden.

Marianne hockte sich neben Dr. Zurmers Sessel und legte leicht die Fingerspitzen auf Dr. Zurmers Schulter. Dr. Zurmer schaute nicht hoch.

»Bitte bringen Sie mich nach Hause. Mir ist nicht gut.«

»Soll ich einen Arzt rufen? Oder einen Krankenwagen? Die können Sie ins Krankenhaus bringen.«

»Ich will nicht ins Krankenhaus. Bitte bringen Sie mich nach Hause.« Dr. Zurmer hob den Kopf, und ohne ihre Brille sah sie sehr verletzlich aus und reptilartig, eine alte Schildkröte, arrogant in ihrer Langlebigkeit, ergeben in ihr Schicksal.

Voller Angst fuhr Marianne Dr. Zurmer nach Hause und bedauerte, daß Kleenextücher und Heath-Bar-Papier auf dem Rücksitz herumstoben, wo Dr. Zurmer lag, die matt gepuderte Oberfläche ihrer feinen alten Haut schmerzverzerrt und feucht. Als sie sich einem kleinen Haus in spanischem Stil näherten, an dem sich Efeu bis zum roten Ziegeldach hinaufrankte und verwilderte Ringelblumen den Vorderweg säumten, machte Dr. Zurmer Marianne ein Zeichen, in die Auffahrt zu fahren. Marianne konnte sich nicht vorstellen, Dr. Zurmer den Weg zum Haus zu tragen, auch wenn sie wahrscheinlich in der Lage war, sie hochzuheben, sie glaubte allerdings nicht, daß Dr. Zurmer die doch immerhin knapp hundert Meter allein schaffen konnte.

»Ist jemand zu Hause? Ich kann Bescheid geben, daß Sie hier sind, und dann könnte uns jemand behilflich sein.«

Dr. Zurmer nickte zweimal, dann sank der Kopf zurück gegen den Sitz.

Ein dünner alter Mann, kleiner als Marianne und schwer auf einen Stock mit Gummispitze gestützt, öffnete die Tür. Marianne erklärte, was passiert war, und erwähnte sogar, daß sie Dr. Zurmers Patientin sei, was gegenüber dem Mann zu äußern, der offensichtlich der Ehemann der Psychoanalytikerin war, eine merkwürdige, peinliche Angelegenheit schien. Er nickte und folgte Marianne zum Auto. Marianne war klar, daß dieser kleine alte Mann nicht imstande sein würde, seine Frau zum Haus zu tragen, und daß sie, Marianne, noch weitere Minuten bleiben und Dr. Zurmer hineinbringen mußte, wahrscheinlich in ihr Schlafzimmer, womöglich ins Badezimmer, was kein angenehmer Gedanke war.

»Otto«, war alles, was Dr. Zurmer sagte.

Sie sprachen leise russisch, und Marianne zog Dr. Zurmer sanft vom Rücksitz und reichte dem Mann ihre Aktentasche, dann brachte sie Dr. Zurmer halb tragend, halb schleppend unter seinem kritisch ängstlichen Blick in Richtung Haus. Dr. Zurmers Mann schien kein Englisch zu sprechen, oder aber er sprach nicht mit anderen Leuten, nur mit seiner Frau.

Marianne war so darauf konzentriert, Dr. Zurmer nicht fallenzulassen und Mr. oder Dr. Zurmers Handzeichen zu folgen, daß sie kaum Blicke für das Haus ihrer Analytikerin aufbrachte, obwohl sie es sich während der letzten drei Wochen vorzustellen versucht hatte, bisweilen mit freudiger Intensität.

Dr. Zurmer glitt aus Mariannes Armen auf ein großes Bett mit weißer Spitzendecke und sagte: »Vielen Dank und auf Wiedersehn.« Marianne, die nicht hatte kommen und nicht hatte bleiben wollen, empfand das als ein wenig abrupt, ja sogar schroff, aber sie war höflich und sagte, gern geschehen und sie finde schon allein den Weg hinaus, das mache am wenigsten Umstände. Der alte Mann hatte sich neben seine Frau gelegt und wischte ihr das feuchte Gesicht mit dem Taschentuch ab.

Marianne ging langsam die enge Wendeltreppe hinunter, sah die zerkratzten Messingstangen, die den verblichenen grünen Teppich festhielten, und studierte die Gesichter in den gerahmten Fotos, die über die Wand neben ihr verteilt waren wie dunkle Fensterchen. Zwei magere Jungen in weiten dunklen Badehosen bauen eine große Sandburg mit Mauer und Ecktürmchen, die schon mit Muscheln, Ästen und den Resten von Königskrabben geschmückt und von einem *Burggraben* umgeben ist, dessen Wände bis zu den Knien eines jüngeren, größeren Otto Zurmer reichen. Auf einem anderen Foto hocken die beiden mageren Jungen, jetzt im Teenageralter, auf einer Steinmauer, Rücken an Rücken wie Bücherstützen, mit gleicher Sonnenbrille, gleicher nackter Brust und dem gleichen furchtlosen und unsterblichen Grinsen.

Marianne war sich bewußt, daß sie sich Zeit ließ, ja etwas Verbotenes tat, und sie warf noch einen schnellen Blick *auf* das Foto, das sie am meisten interessierte. Dr. Zurmer, deren Vorname Anya war, wie Marianne auf dem Messingschild an ihrer Praxistür gelesen hatte, sitzt in einem Samtsessel, die Beine seitlich gestellt und die schlanken weißen Seidenknöchel übereinander gekreuzt. Sie kann nicht über zwanzig sein, und sie sieht verwöhnt aus in dem spitzenbesetzten Kleid, das Haar sorgfältig gelockt, und sie ist schön; sie guckt unsicher auf den Betrachter, erwartungsvoll und ängstlich.

Marianne verbrachte die nächste Woche damit, noch härter an dem Buch zu arbeiten, das zu schreiben sie sich vorgenommen hatte, die Tomaten in ihrem kleinen Garten hochzubinden und sich das Haar färben zu lassen. Es fiel prächtig und auffällig aus, die Farbe von elegantem Ledergepäck, die Farbe von teurem Brandy, die Sorte, die nur von gutaussehenden alten Männern in Ohrensesseln, frühabends am Kaminfeuer sitzend, getrunken wird. Marianne war versucht, ein Kopftuch zu tragen, bis die Farbe schwächer wurde, aber sie brachte es nicht übers Herz, es zu verdecken, und nachts breitete sie ihr Haar fächerförmig auf dem Kissen aus und bewunderte, was sie von den schönen, glänzenden Strähnen sehen konnte.

Sie wartete darauf, etwas von Dr. Zurmer zu hören, und nahm sich vor, falls sie bis Freitag keine Nachricht von ihr hatte, eine Mitteilung auf dem automatischen Anrufbeantworter zu hinterlassen. Am Freitag rief Dr. Zurmer an. Sie sagte Marianne, daß es ihr noch nicht so gutgehe, um in die Praxis zurückzukehren, sie könne sie aber für eine Sitzung bei sich zu Hause sehen. Sie fragte nicht, was Marianne dabei empfand, ihre Therapeutin in deren Zuhause aufzusuchen, wo der kleine Dr./Mr. Zurmer herein- und herauslief, sie erkundigte sich nur, ob ihr Montag um neun paßte.

Das war die übliche Zeit, und Marianne sagte ja und hängte rasch auf, um Dr. Zurmer nicht zu ermüden, die sich elend anhörte.

Dr. Zurmers Mann ließ Marianne wortlos herein, als sie aber über die Schwelle getreten war, nahm er ihre Hand in seine beiden und dankte ihr in perfektem Englisch.

»Bitte nennen Sie mich Otto«, sagte er. Sein Lächeln war sehr freundlich, und Marianne sagte ihren Namen und war mit sich und ihm zufrieden.

Dr. Zurmer saß im Bett, gestützt von einem Dutzend großer und kleiner Battenberg-Spitzenkissen, das silbergraue Haar gebürstet, elegant und geschmeidig wie Nerz. Sie trug ein bemerkenswert nüchtern graues Satinbettjäckchen. Marianne konnte nicht sagen, ob Dr. Zurmers Gesicht ein wenig länger und schlaffer geworden war oder ob sie in einer Woche vergessen hatte, wie Dr. Zurmer im einzelnen aussah.

»Ich fühle mich heute viel besser. Ein ganz kleiner Schlag, hat mein Arzt gesagt. Und anscheinend ist kein Schaden angerichtet. Vielen Dank, Dr. Loewe. Also werde ich während unserer Sitzungen liegen, und Sie sitzen aufrecht.«

Marianne begann damit, Dr. Zurmer ihren letzten Blumentraum zu erzählen, doch sie brachte das schnell hinter sich, um über das Foto von Dr. Zurmer zu sprechen, die Jungen blieben unerwähnt; danach lehnte sie sich in den kleinen Brokatsessel zurück und sah zur Decke hoch, um über die verwirrende, faszinierende Merkwürdigkeit zu sprechen, in Dr. Zurmers Haus zu sein. Dr. Zurmer lächelte und schüttelte verständnisvoll den Kopf, wonach sie einschlief.

Marianne blieb ganz still sitzen, nur ein wenig beleidigt, und schaute zu, wie Dr. Zurmer atmete. Neben ihrem Ellbogen stand eine Frisierkommode aus Mahagoni, auf der gestickte und gehäkelte Zierdeckchen lagen, darauf verteilt waren vier kleine Fotos im Silberrahmen und drei Parfumflakons aus gestreiftem Muranoglas. Die Fläschchen mit den vergoldeten Stöpseln waren fast leer. Ein Foto zeigt, wie von Marianne erwartet, die zwei jungen Männer von der Steinmauer und dem Strand, ein ganzes Stück älter geworden, beide im Anzug. Sie sind offensichtlich auf einer Hochzeit, hinter ihnen erkennbar die Tische mit den Leinentüchern und den Gladiolen, auch wenn die Braut fehlt. Ein zweites Foto zeigt Dr. Zurmer und Otto, eng umschlungen vor dem Leuchtturm in Gay Head, und das Bild gleicht dem von Marianne und ihrem Exmann am selben Ort in der kurzen guten Zeit ihrer Ehe. Auf den beiden anderen Fotos sieht man eine dunkelhäutige Frau im Bademantel, die etwas in einer blauweißen Decke eingehüllt hält, ein Baby wahrscheinlich, und schließlich ist da ein sehr kleiner Junge mit schwarzen Locken, Segelohren und den gleichen leicht schrägstehenden langwimprigen Augen wie die der Frau.

Als Marianne die Vordertür erreichte, kam Otto schwerfällig auf sie zu.

»Tee?« sagte er und wies mit dem Stock hinter sich.

Marianne verneinte und fuhr nach Hause, um sich Telefonnummern anderer Psychoanalytiker herauszusuchen.

Am Donnerstag rief Otto an. »Bitte kommen Sie heute«, sagte er. »Sie möchte Sie gern sehen.«

Marianne hatte schon ein Gespräch mit einem anderen Analytiker vereinbart, einem Mann mittleren Alters mit gutem Ruf und einem Büro, das Blick auf den Fluß hatte, aber sie ging.

Dr. Zurmer saß wieder aufgerichtet da, das Bettjäckchen offen über einem Flanellnachthemd, und ihr Haar büschelweise zu weichen Silberwölkchen aufgebauscht.

Sie streckte die Hand nach Mariannes Hand aus und hielt sie auch fest, als Marianne sich setzte, viel näher, als sie es eigentlich vorgehabt hatte.

»Wie es scheint, geht es mir nicht gut genug, um wirklich Ihre Analytikerin zu bleiben. Aber ich finde, daß uns das nicht daran hindern sollte, uns an der Gesellschaft des anderen zu erfreuen, oder? Sie kommen mich besuchen, und wir trinken Tee.«

Marianne konnte sich nicht vorstellen, warum Dr. Zurmer wollte, daß sie zu Besuch kam.

»Warum nicht? Sie sind gescheit, eine sehr liebenswürdige Person, Sie haben eine wunderbare Phantasie und Sinn für Humor – ich kann das an Ihren Träumen erkennen. Warum sollte ich mir nicht wünschen, daß Sie mich besuchen? Otto wird uns Tee bringen. Bleiben Sie sitzen.«

Über blassem grünem Tee, in dem braune Blättchenreste schwammen, lächelten sich Marianne und Dr. Zurmer an.

»Mich haben Ihre Fotos auf der Kommode sehr interessiert«, sagte Marianne.

»Was interessiert Sie daran?«

»Ich mache bloß einen Besuch, vergessen Sie das nicht. Tee und Konversation.«

Dr. Zurmer tat so, als wiese sie sich selbst zurecht, und lächelte Marianne breit an, ihre Wangen falteten sich zusammen wie Seidenrüschen.

»Touché«, sagte sie. »Holen Sie doch bitte einmal die Fotos zu mir her. Und im Zeitschriftenständer da drüben ist ein Album. Ah, sehen Sie sich das an, der kleine Alexei. Alle haben sie diese Badezuber-Fotos weggesteckt. Und das ist Alexei bei den Wölflingen, ich glaube, das hat sechs Monate gedauert. Er hat die Uniform geliebt, aber er hatte nicht das Zeug zum Pfadfinder, überhaupt nicht. Und das ist er mit seinem Bruder Robert. Sie haben vermutlich ein paar von diesen Fotos an der Wand gesehen. Ist in Martha's Vineyard. Wir wohnten immer in einem kleinen Farmhaus, zwei Schlafzimmer und eine winzige Küche. Freunde von Otto haben es uns jeden Sommer überlassen. Otto hat ihr Haus entworfen, das große Haus im Hintergrund hier, und auch ihr Haus, fast hätte ich es vergessen, am Stadtrand von Boston. Wir waren für sie die gehätschelten Haustiere, aber für die Kinder war's herrlich. Das ist Roberts College-Abschlußfeier. Ich weiß nicht mehr, was all die Armbinden symbolisieren, er hat gegen alles rebelliert. Pech für ihn, wir waren fortschrittlich, und so war es für ihn schwierig, uns aufzuschrecken. Er ist doch tatsächlich Banker geworden, und das war's dann. Und hier ist Alexei bei seiner Abschlußfeier, keine Armbinden, bloß das Haar. Aber was für herrliches Haar, ich wollte, daß er es lang läßt, ich fand, er sah wie Apoll aus. Und hier sind die Hochzeitsaufnahmen, Alexei und seine Frau Maria. Libanesin. Sie haben sich beim Studium kennengelernt. Und das hier ist mein einziger Enkel, Lee. Schön wie der Tag.

Und auch noch so brav wie schön. Sehr intelligentes Kind. Alexei ist ein wunderbarer Vater, Vater und Mutter in einem. Dieses große Foto zeigt Lee im letzten Jahr, an seinem vierten Geburtstag. Das ist sein Lieblingsbär, ich erinnere mich im Augenblick nicht an den Namen, Sie wissen schon, dieser Bahnhof.«

»Paddington. Reizend. Lee ist einfach reizend.«

»Maria hat die beiden vor fast zwei Jahren verlassen. Sie hat eine narzißtische Störung. Sie konnte partout die Mutterrolle nicht spielen. Man schafft nicht, wozu einem das nötige Rüstzeug fehlt. Und so ist sie auf und davon, zurück in den Libanon. Auch sehr selbstzerstörerisch, dorthin zurückzukehren, geschieden, Mutter, eindeutig keine Jungfrau. Sie wird sich den Rest ihres Lebens um ihren Vater kümmern. Wer weiß? Vielleicht war das immer schon ihr Wunsch.«

Dr. Zurmer sagte »narzißtische Störung«, wie man »unheilbarer Krebs« sagte, und Marianne nickte, da sie verstand, daß Maria aus dieser Welt verschwunden war.

»Und das ist ein Foto, das Alexei von mir und Otto vor zwei Jahren gemacht hat. Jene beiden Liebenden, die die Götter in Bäume verwandelt haben, oder waren es Sträucher? Philomena? Damit sie sich nie zu trennen brauchten. Wir sehen so aus, ja? Wir sind schon dabei, in Erde überzugehen.«

Dr. Zurmer lehnte sich zurück, und das Album schob sich zwischen die beiden.

»Ich kann eigentlich nicht sagen, daß ich ihn noch liebe. Liebt man das Gehirn, das Herz? Würdigt man das eigene Blut? Wir haben einander vor der schlimmsten Einsamkeit bewahrt, und wir haben einander zugehört. Wir sagen nicht allzu Interessantes mehr, wir sprechen von Lee, von Alexei, wir erinnern uns an Robert ...«

Marianne wartete auf die schreckliche Geschichte.

»Er starb bei einem Autounfall, gleich nach der Hochzeit. Ich trauere immer noch, und ich bin auch noch immer ungehalten. Er hat zuviel getrunken, ja das hat er. Alexei nie. Meine schlimmen russischen Gene. Er hat nichts hinterlassen, eine Wohnung voll mit Trödel, einen Beruf, den er nicht mochte, Schulden. Ich dachte, vielleicht taucht ja eine schwangere Freundin auf, aber das war nicht der Fall. Ich jedenfalls hätte es so gemacht, wenn ich gekonnt hätte. Ich muß mich ausruhen, meine Liebe.«

Dr. Zurmer sank in ihre Kissen zurück und bat Marianne, die unterste Schublade der Mahagonikommode herauszuziehen. Marianne brachte ihr den einzigen Gegenstand darin, ein grünes Satinband, breit und kühl, das sich in ihren Händen kräuselte wie etwas Lebendiges. Dr. Zurmer band es ihr um die Taille und verwandelte Mariannes weiße Bluse und die Khakihose in etwas Verwegenes, Exotisches, mit einem Anflug von reizvoller Androgynie.

»Genau so. Wenn Sie gehen, sagen Sie Otto bitte auf Wiedersehen. Er mag Sie sehr. ›So ein liebenswertes Mädchen‹«, sagte sie und imitierte Ottos Akzent, der, wenn überhaupt vorhanden, weniger bemerkbar, weniger guttural als ihr eigener war. »Wenn er nicht in der Küche ist, warten Sie nur einen Augenblick. Er holt sich wahrscheinlich die Zeitung, macht seinen Spaziergang. Möge es Ihnen gutgehen, Marianne. Kommen Sie bald wieder.«

Der Mann, der am Küchentisch saß, war so eindeutig der etwas größere Junge von den Fotos, der bärtige Bräutigam, daß Marianne ihn vertraut anlächelte, mit Zärtlichkeit und Aufgeschlossenheit, als hätten sich ihre Poren weit geöffnet. Er starrte sie an und faltete dann mit großen höflichen Gesten die Zeitung zusammen und steckte sie hinter den Toaster.

»Sie müssen Marianne sein.«

»Ja. Ich wollte gerade Ihrem Vater auf Wiedersehen sagen, bevor ich nach Hause gehe«, sagte sie.

»Das wird ihn freuen. Ich bin Alex Zurmer. Ich weiß nicht, wo Pa ist.« Er sah sie wieder an, ihre tiefbraunen Augen und ihren langen Hals, sein eigenes süßes Giräffchen, und sah zu, wie ihre nackten knochigen Finger mit dem Saum der glänzenden grünen Schärpe spielten. Alex zog die Schultern hoch und hob die Handflächen gen Himmel, ergriffen von Ehrfurcht und Dankbarkeit wie Noah, als er erfuhr, daß er fürs Weiterleben und das Kommen der Tauben auserwählt war. Er sah zu, wie sich Mariannes rastlose Finger mit den angekauten Nägeln in die dicken Quasten am Schärpenende gruben und wieder lösten, und er konnte fühlen, wie sie sein Gesicht berührten und ihm das Haar hoben.

»Trinken wir Tee, Marianne, während wir warten«, sagte er, und er stand auf, um ihr einen Stuhl hervorzuziehen, und sie legte entschlossen die Hand neben die seine auf den Stuhlrücken.

»Ja«, sagte Marianne. »Und genehmigen wir uns doch auch ein paar Kekse. Wenn Sie losen Tee machen, werde ich aus den Blättern lesen.«

Danksagung

Ich möchte den so begabten Leuten von Burlingame Books danken, mit denen ich zuerst gearbeitet habe: Kathy Banks für ihren scharfen Lektorenblick und ihre frühe nachdrückliche Ermutigung und Ed Burlingame für seine große Zuwendung und all seine Mühen. Ich kann nur andeuten, wie dankbar ich Joy Johannessen von Aaron Asher Books bin, einem Lektoren-Erzengel; sie ist anspruchsvoll und großzügig, gibt und erwartet nur das Beste.

Ich danke meiner Agentin Phyllis Wender, die mich durch fremdes Terrain mit freundlicher, fester und kluger Hand geleitet hat, mit Stil und gesundem Menschenverstand. Ich bin der Sydelle J. Bloom Foundation for Daughters Who Write dankbar für ihre begeisterte Unterstützung. Meine beiden frühesten und mir so lieben Leser und Freunde Kay Ariel und Malcolm Keith haben mir bedenkenswerte Reaktionen, sorgfältige Kritik und liebevolle Anerkennung zuteil werden lassen, letzteres möchte ich hundertfach zurückgeben.

Ich danke auch meinen drei Kindern, meinen Juwelen Alexander, Caitlin und Sarah, die alle so viel zu meinem Schreiben und meinem Leben beigetragen haben.

Schließlich hat diese Geschichtensammlung von der Riesenarbeit profitiert, die Donald Moon für sie geleistet hat, er kennt sich aus mit Computern, Zahlen, Terminen und versteht Ängste, Literatur und mich.